本书获得2021年度黑龙江省教育厅新文科研究与改革实践项目
“网络与新媒体专业政产学研协同育人机制创新与实践”资助

黑龙江自媒体发展潜力研究

左晓东 著

人民交通出版社股份有限公司
北京

内 容 提 要

本书获得2021年度黑龙江省教育厅新文科研究与改革实践项目“网络与新媒体专业政产学研协同育人机制创新与实践”资助，是对黑龙江自媒体发展研究的一部专著。本书通过对自媒体、自媒体人、我国自媒体平台和黑龙江自媒体发展特点进行分析，对200多名自媒体从业者开展问卷调查，对在黑龙江有一定影响力的自媒体人进行专题访问，并针对黑龙江自媒体人生存状况提出相应的意见和建议。

本书共分七章，第一章关于自媒体与自媒体人，第二章我国自媒体发展的产业化趋势，第三章我国自媒体常用平台及特点，第四章黑龙江自媒体人生存状况调查，第五章黑龙江自媒体人速写，第六章黑龙江自媒体人发展前景，第七章黑龙江自媒体产业发展对策。

本书对促进黑龙江自媒体行业良性发展，对推动拉动就业、催动产业、弥补传播平台的空位、形成新的传播力量等具有积极作用，并为推动全媒体融合发展提供借鉴。

图书在版编目(CIP)数据

黑龙江自媒体发展潜力研究 / 左晓东著. — 北京：人民交通出版社股份有限公司，2021.8
ISBN 978-7-114-17442-1

Ⅰ. ①黑…　Ⅱ. ①左…　Ⅲ. ①传播媒介—研究—黑龙江省　Ⅳ. ①G206.2

中国版本图书馆CIP数据核字(2021)第127693号

书　　名：**黑龙江自媒体发展潜力研究**
著 作 者：左晓东
责任编辑：李秀平
责任校对：赵媛媛
责任印制：张　凯
出版发行：人民交通出版社股份有限公司
地　　址：(100011) 北京市朝阳区安定门外外馆斜街3号
网　　址：http://www.ccpcl.com.cn
销售电话：(010) 59757973
总 销 售：人民交通出版社股份有限公司发行部
经　　销：各地新华书店
印　　刷：北京交通印务有限公司
开　　本：787×1092　1/16
印　　张：10.75
字　　数：167千
版　　次：2021年8月　第1版
印　　次：2021年8月　第1次印刷
书　　号：ISBN 978-7-114-17442-1
定　　价：39.00元
（有印刷、装订质量问题的图书由本公司负责调换）

《黑龙江自媒体发展潜力研究》

委员会

序
PREFACE

关注黑龙江自媒体人是从2015年做新媒体工作开始的，一毕业就在传统媒体工作的我，从微信公众号一夜之间火起来开始，便有了很强烈的危机感，关注国家的政策，关注新媒体的发展，更加关注传统媒体的转型。

虽然当时作为哈尔滨交通广播的总监，广播频率的运营还挺顺利，但是新媒体对传统媒体的冲击已经凸显，研究转型、实现媒体融合成为传统媒体的现实问题。在探索新媒体时代传统媒体如何发展的过程中，我们创办了新媒体公众号和早晚高峰联动，开发了高速公路、城市交通路况实时查询和交通违章查询等实用功能，迅速汇聚近百万的粉丝，位居全国媒体总排名前几位。当时我们的公众号在全国媒体类排名已经进入前5名，连续两年进入全国微信500强。2016年我在哈尔滨市委党校中青年干部培训期间，专门对新媒体的发展趋势、市级媒体面临的机遇和挑战、如何利用好新媒体集群扩大传播的影响力进行调研，撰写了调研报告《“新媒体时代”如何坚持党性原则过好互联网这一关》，获得时任哈尔滨市委常委、宣传部部长张丽欣的批示和赞扬。

也是从那时起，我开始关注一条、二更、牛弹琴、占豪、曹林的吐槽青年等自媒体大号的运营发展……也在工作推进中结识了许多自媒体人，跟他们有的成为好朋友。随着新媒体技术的不断进步，自媒体的发展也更加宽泛，身边的自媒体人有的随着技术转型做大做强，有的选择退出。在全媒体时代的大潮中，我也从媒体人转型，走进了校园。作为新媒体专业的学科带头人，我既要把理论和实践教给学生们，也要为他们的未来铺路，推荐他们到自媒体公司、新媒体集团实习、就业。在和自媒体人深入打交道的过程中，我了解到自媒体在用人方面实际缺口很大，自媒体人对政府、高校、企业多方联合培养新媒体人才的诉求还很强烈，自媒体发展需要各方的扶持。

在调研和访谈中，我也深感自媒体人打拼的不容易，许多人是靠对事业的热爱，有的甚至置死地而后生。不过，正是他们的坚持、坚守，让黑土地的自媒体发展起来了，像北极漠河走出的大成子，哈尔滨的冰城馨子、张小盒，牡丹江的“贰飞”，佳木斯的“老四”……虽然和发达地区比还有差距，但他们为繁荣黑龙江文化市场做出了贡献，为新媒体人才的培养提供了实习实训就业基地。他们的生存状态值得我们关注。我想尽我的微薄之力为他们鼓与呼，帮他们赢得更广阔的生存空间，并为自媒体输送更多的接续人才。

黑土地是一片根植文化的沃土，走出了萧红、迟子建、张抗抗、贾宏图、阿成等一大批作家，沈腾、李冰冰、孙红雷、李健、赵文卓等一批明星艺术家。黑土地上的一批自媒体人厚植文化，从不同角度传播正能量，丰富黑土地文化，带动文化产业，助力人才培养，相信他们的明天会更好。

左晓东

2021年4月9日

前言
FOREWORD

随着网络新媒体的发展，新的话语传播体系的飞速变化，自媒体已经成为传播领域不容忽视的一支新生力量。据相关部门资料显示，2020年全国自媒体行业产值达到1000亿元。自媒体的发布者即“自媒体人”。他们是自媒体的生产组织者和内容创作者。随着传播内容的多元化，自媒体从新闻传播领域逐步涉足政治、经济、文化、生活、专业技能、内容制作生产等多个领域，自媒体人也从“人人都有麦克风”的单个个体发展为个体、团队、小型企业、机构等多种形式并存的新业态，成为传播领域的新生力量。

黑龙江省的自媒体发展虽然在全国相对落后，缺少行业领军者，但其发展速度、覆盖领域乃至队伍的壮大都不容小觑。笔者通过对自媒体、自媒体人、我国自媒体平台和黑龙江自媒体发展特点进行分析，对200多名自媒体从业者开展问卷调查，对在黑龙江有一定影响力的近100名自媒体人进行专题访问，针对黑龙江自媒体人生存状况提出相应的意见和建议，并以此建议政府部门关心关注这一群体，提出加大扶持力度和人才培养规划等决策参考。这将对促进黑龙江自媒体行业良性发展，对拉动就业、催动产业、弥补传播平台的空位、形成新的传播力量等具有积极作用，并为推动黑龙江媒体融合发展提供借鉴。

本书是在2019年哈尔滨学院文法学院申请新媒体专业新学科建设的背景下开始构思的，历经一年多的时间，从定选题、调研、采访到撰稿完成，得到了方方面面的支持和帮助。特别是黑龙江省网信办、哈尔滨市网信办、牡丹江市委宣传部、大兴安岭地委宣传部等单位积极为我推荐了黑龙江省著名的自媒体人，提供了调研采访的便利和部分资料；哈尔滨学院文法学院的领导、同事们全力支持我的调研工作，促进新学科的建设成长；人民交通出版社股份有限公司、中国交通报驻黑龙江记者站在图书出版及文稿编辑修订上提供了大量有价值的建议和帮助；黑龙江灰姑娘众创空间有限公司设立了相关课题研究，等等。

在此，特别致谢上述单位、部门、朋友，感谢在此书的创作过程中的辛勤付出和友情帮助！

左晓东

2021年4月25日

目录

CONTENTS

第一章　关于自媒体与自媒体人　001

第二章　我国自媒体发展的产业化趋势　005

第三章　我国自媒体常用平台及特点　009

第四章　黑龙江自媒体人生存状况调查　015

第五章　黑龙江自媒体人速写　035

第六章　黑龙江自媒体人发展前景　135

第七章　黑龙江自媒体产业发展对策　153

参考文献　161

Chapter 1

第一章

关于自媒体与自媒体人

一、自媒体和自媒体人定义

“自媒体”的概念最早出现在美国新闻学会的媒体中心2003年7月出版的由谢因·波曼（Shayne Bowman）与克里斯·威理斯（Chris Willis）两位联合提出的《自媒体：受众正在如何形成新闻和信息的未来》（*We Media*：*How audiences are shaping the future of news and information*）[①]中。

自媒体是指普通大众通过网络等途径向外发布他们本身的事实和新闻的传播方式。“自媒体”，英文为“We Media”，是普通大众经由数字科技与全球知识体系相连之后，一种提供与分享他们本身的事实和新闻的途径；是私人化、平民化、普泛化、自主化的传播者，以现代化、电子化的手段向不特定的大多数或者特定的单个人传递规范性及非规范性信息的新媒体的总称[②]。

简单定义这个概念，可以借鉴“新媒体”的定义。“新媒体”是从传播方式上针对传统媒体（也就是所谓的“旧媒体”）而言，运用了新的传播方式。网络、短视频等媒介，是新的技术支撑体系下出现的媒体形态。那么延伸到“自媒体”的定义，就是针对媒体发布方（者）而界定的概念，也是对应传统媒体而言。如广播、电视、报纸、杂志等的发布是一个系统、一个机构、一套体系、一批专业的人在营运，而自媒体则是非官方、非机构的。笔者根据自媒体发布的特点，以及与传统媒体的区别，将其定义为：自媒体是以单个个体为主体，以互联网为依托的公共平台作为发布平台，自我运营，向公众传播、分享新闻、热点、观点等，不具备传统媒体的权威性，但具有个人视角、平民化大众化视角的传播载体。

自媒体的发布者即“自媒体人”。他们是自媒体的生产组织者和内容创作者。

---

① 罗斌. 网络自媒体研究[D].兰州大学.2009；汤莉萍.视听媒体新变革——播客网络传播研究[D]. 四川大学博士学位论文.2007.

② 总政治部宣传部. 网络新词语选编2012修订本[M]. 北京：解放军出版社，2013.

随着传播内容的多元化，自媒体从新闻传播领域逐步涉足政治、经济、文化、生活、专业技能、内容制作生产等多个领域。自媒体人也从“人人都有麦克风”的单个个体，发展为个体、团队、小型企业、机构等多种形式并存的新业态，成为传播领域的新生力量。

二、自媒体主要特点

新华网副总编辑申江婴2014年在《自媒体的力量》一书中说，业界关于自媒体存在两种截然不同的看法：支持者认为，自媒体将会是传统媒体产业的颠覆者；反对者认为，自媒体的无序野蛮生长必将使其走向灭亡。无论是力挺还是唱衰，自媒体依然在按照自己的方式“任性地成长”①。

那么，经过了七年的光阴，这些看法似乎交织在一起，不再两极分化。自媒体依然和传统媒体并存，并收获了更多的粉丝和受众。随着网络技术的变革，网络信息化的飞速发展，自媒体拥有的传播速度、广度、深度都在增长，自媒体已遍布世界各地的角落。网络无处不在，自媒体也就无处不在。

纵观自媒体发展的历程，其存在的动力在于它以下这些特点：

1. 传播媒介的普遍性

随着互联网技术的进步，自媒体运用的最主要平台已经从网站逐步转移到手机。只要拥有一部智能手机，就有条件成为一名自媒体的发布者，进而成为一名自媒体人。自媒体的入门门槛无关年龄、性别、文化、财富，这种无所不在的媒介决定了自媒体发展具有普遍性。随着人工智能的普及，会有更多的人以非专职身份进入这一行列。

2. 操作流程的简单化

新闻随时发生，随时发送，这在十几年前是不敢想象的。除了电台的直播连线，大部分传统媒体需要通过排版印刷、分线性编辑等一系列流程。电视直播需要

① 田舒斌，申江婴. 自媒体的力量[M].北京：新华出版社，2014.

配备直播车等设备，多人多机操作，每一个新闻的背后都是一个团队的整体合作。而自媒体可以实现单人作战，一篇公众号文章、一条微博、一个短视频，再到视频直播，操作流程越来越简单。

3. 包容开放的互动性

无论是长盛不衰的推特、微博，还是后起之秀抖音、快手短视频，新媒体平台给自媒体释放了巨大的互动空间。一条热点微博话题可以上亿次的转发、评论、点赞，短视频直播更是迅速圈粉，网友和主播可无障碍互动交流。从微信公众号以10万+为评价传播量、网友参与度，发展到今天，一场成功直播会获得几百万的参与互动，以及动辄过亿的参与量，展现了互联网强大的空间开放性。

4. 平台选择的多元化

随着新技术的变革，新媒体平台的使用不断更迭升级，自媒体人开始同时使用多种平台，通过多种渠道传播信息，抓住不同平台的红利期发展壮大自己的粉丝群。除了传统的“两微一端”，我们发现身边的自媒体人开始同时拥有今日头条、搜狐号、网易号、一点号、百家产号、企鹅号、艺龙、乐途、抖音、快手等各种平台，在一定程度上扩大了知名度。

5. 平民化兼顾个性化

美国著名硅谷IT专栏作家丹·吉尔默（Dan Gillmor）的专著《自媒体：草根新闻，源于大众，为了大众》（*We the Media: Grassroots Journalism by the People, for the People*）提出，网络自媒体的数量庞大,其拥有者也大多为“草根”平民,隐匿性给网民提供了“随心所欲”的空间。自媒体的主体，也就是“自媒体人”，以个体从业者或者是爱好者为主，视角较低，关注点大多为某一自己熟悉的领域或者身边人、身边事，有较强的代入感，呈现较为普遍的平民化特点。同时，自媒体数量的庞大，也突出了不同群体、个人的个性化特征，符号画像明显，更易被同感人群所接受，拥有存在空间。

正是基于以上这些特点，自媒体在世界，在中国，都占有一席之地。

Chapter 2

第二章

我国自媒体发展的产业化趋势

习近平总书记2019年1月25日在中共中央政治局第十二次集体学习时发表题为《引领媒体融合发展新作为》的重要讲话。他强调，全媒体不断发展，出现了全程媒体、全息媒体、全员媒体、全效媒体，信息无处不在、无所不及、无人不用，导致舆论生态、媒体格局、传播方式发生深刻变化，新闻舆论工作面临新的挑战。①

"全员媒体"中的"全员"指人，是全体互联网的使用者，也包括社会各种主体、各类机构等。他们通过网络进行社会信息交流并参与其中。这也是普通人和公众参与社会事务、发声、发问、表达诉求、提出见解的需要。"全员媒体"包括自媒体。这一概念的提出，标志着从国家层面开始确立自媒体的传播地位，使自媒体正式登上传播舞台。

自媒体在我国发展较晚，初始阶段以BBS、社区、论坛等为代表。2009年新浪微博上线，引起社交平台自媒体风潮，当时还是以电脑端为主。2012年微信公众号上线，自媒体向移动端发展。随着手机用户逐渐覆盖电脑端，2014年自媒体开始在腾讯、新浪、搜狐、网易等主要门户网站发展。2015年，随着手机网民占领了互联网领域的绝对优势，直播、短视频等形式成为自媒体内容创业的新热点、新高峰。

2021年初，中国互联网络信息中心(CNNIC)发布的第47次《中国互联网络发展状况统计报告》显示，截至2020年12月，中国网民规模已达9.89亿，占全球网民人数的1/5，较2020年3月增长8540万，其中手机网民规模达9.86亿，较2020年3月增长8885万，距离10亿网民大关仅有"一步之遥"。与此同时，中国互联网普及率已达70.4%，高于全球平均水平。随着网民的不断增加，尤其是手机网民几乎全覆盖，网民上网时长、参与度、所涉群体都逐渐增加。这为网上各类内容的消费需求提供了巨大的群体。我国网民的人均每周上网时长为26.2个小时（见图2–1）。

---

① 《习近平：推动媒体融合向纵深发展　巩固全党全国人民共同思想基础》，新华网，2019-01-25，http://www.xinhuanet.com/politics/leaders/2019-01/25/c_1124044208.htm.

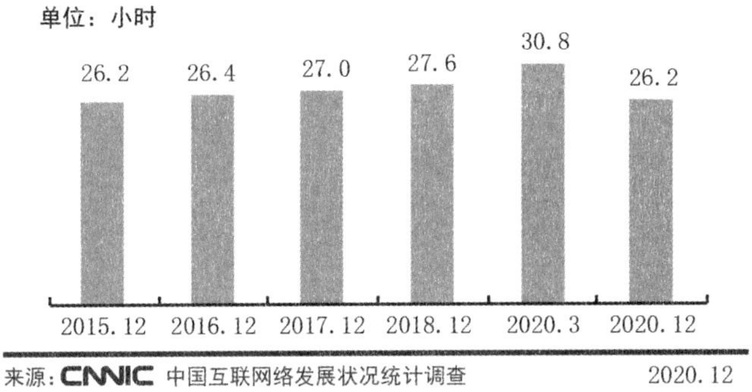

图2-1　我国网民人均每周上网时长

从年龄来看，截至2020年12月，20～29岁、30～39岁、40～49岁网民占比分别为17.8%、20.5%和18.8%（见图2-2），高于其他年龄段群体。50岁及以上网民群体占比由2020年3月的16.9%提升至26.3%，互联网进一步向中老年群体渗透。在职业结构特征上，我国网民群体以中学生最多，占比为21.0%;在网民学历结构上，43%的网民为初中学历。

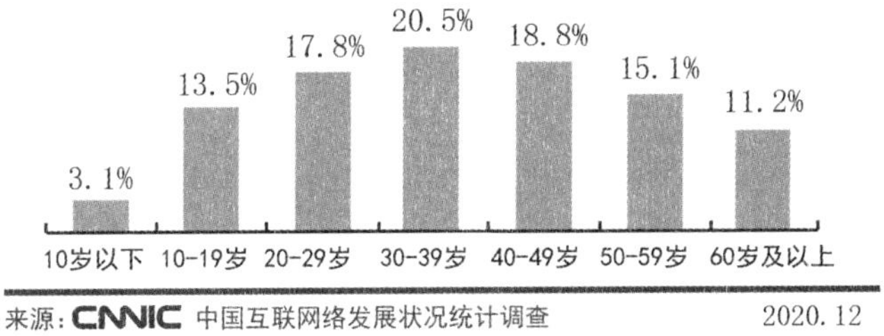

图2-2　我国网民年龄结构

根据艾瑞网的调研数据，截至2020年年底，我国一共有近1000万人从事自媒体行业。其中，全职自媒体人数将近400万，兼职自媒体人数超过了600万。按现有10亿网民计算，每100个网民就有1个是自媒体人，这其中包括大中专学生、各行业的专家和学者、记者、教师、大学教授、企业白领、专业技术者、工匠、厨师以及绝大多数自由职业者[①]。

在收入结构上，月收入在2001～5000元的网民群体占比为32.6%，月收入在5000

① 易撰自媒体. 浅析 | 自媒体的行业现状及未来发展趋势[J/OL]. (2020-03-18)[2021-05-21].https://baijiahao.baidu.com/s?id=1661471485511060084&wfr=spider&for=pc.

元以上的网民群体占比为29.3%，月收入8000元以上占比14.8%，有收入但月收入在1000元及以下的网民群体占比为15.3%，无收入网民群体占比10.8%（见图2–3）。

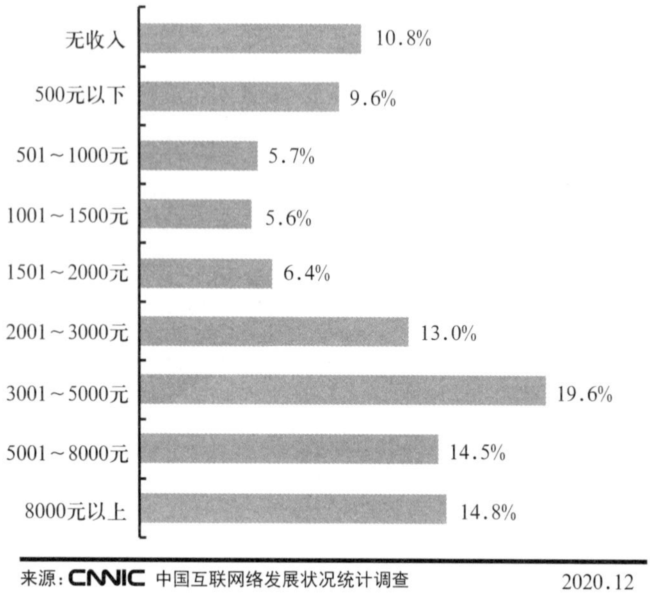

图2–3 我国网民个人月收入结构

从产业规模来看，据智研咨询整理数据，2019年自媒体行业的广告达到895亿元，2020年已经突破1000亿元。而随着市场需求的不断增大，自媒体又逐步形成了从内容创作到电商服务、知识付费、广告搭载、流量分成等形式的全新生态产业链。如今，大额的投融资开始流入自媒体市场，标志着自媒体资本时代的到来。大部分缺乏核心竞争力的自媒体将被市场大潮所吞没，自媒体将开始向产业化、资本化、公司化方向发展[①]。

① 中国产业信息研究网.中国自媒体行业迅速发展，资本化进程加速[R/OL].(2017–02–15)[2021–05–21].http://www.china1baogao.com/news/20170215/3259625.html.

Chapter 3

第三章

我国自媒体常用平台及特点

自媒体的发展需要依靠强大的平台①。我国自媒体平台从社区、论坛、微博起步，随着新技术、新应用的开发应用，几年前又演变成为微信、头条号的天下，而如今抖音、快手、视频号、B站又站在了风口上。自媒体平台逐渐走向平民化、普及化、规模化，给自媒体人提供了更多的展示舞台，促进了自媒体的发展。目前用户关注度高，自媒体使用频次多、传播力量强的常用平台如下：

（一）抖音

抖音是目前最活跃的短视频社区平台之一，由字节跳动创建，创始人张一鸣。从2016年9月上线以来，抖音发展速度很快，从一个音乐短视频平台发展成为集直播、电商、社交、金融、游戏等多种业务为一身的“超级平台”，名字也从“抖音短视频”悄然改成更加耳熟能详的“抖音”。2020年，美国和印度禁止海外抖音上线，引起巨大风波，客观上给抖音做了一次全球性的免费宣传，让字节跳动在全球大火，也使抖音国内版日活量激增。截至 2021年 1月，抖音日活跃用户数已经突破6亿，并继续保持高速增长。抖音的最大特点是其致胜的核心竞争力——大数据算法，基于用户习惯精准的投送，以及90后以下群体成为其基础人群。抖音也是自媒体人广泛使用的新平台。

（二）今日头条（头条号）

今日头条（头条号）是字节跳动旗下，下载量103亿次的活跃App平台。2012年创建的今日头条，起初被公众了解使用的是其新闻、资讯等内容。而其真正引起广泛关注的是其独特的引擎技术和算法。它可以根据每个用户使用头条过程中的阅读习惯、兴趣、关注点等个性特点，进行对象化、个性化的推荐，满足不同年龄的群

① 赵刚.自媒体&传统媒体是互补不是竞争[N].光明日报，2013-05-06（07）.

体、个人对于信息的不同需求。由此也衍生了自媒体使用频率较高的“头条号”。媒体、国家机构、企业，尤其自媒体，申请并使用这一平台，发布生产的内容，以获得更多的受众，达到传播的效果。截至2020年1月底，约有100多万自媒体建立了头条号。

（三）微信公众号

2012年8月17日腾讯上线的微信公众号平台，是自媒体传统使用的最主要平台，也是自媒体创造者低成本的应用平台。其最大的特点是通过朋友圈实现第一层次传播。其用精美图文、视频搭建内容平台的方式，也是传统媒体向新媒体发展、融合最为普遍的形式。近年来，开通微信公众号的自媒体创作者年入千万者比比皆是。只是随着新媒体平台的发展，公众号逐渐衰老，其基本的产品属性和内容生态固化，但依靠既有粉丝基础与客户资源，在广告行业生态位上仍占有一席之地，可以称为新媒体当中的“传统媒体”。

（四）快手

快手是目前最活跃的短视频社区平台之一。如果说抖音是一个以内容为主、中心化分发内容的平台，那么快手就是一个非常典型的圈层社交平台，背后是每一个真实的生活。快手的最大特点是基于老铁的社交关系，独创“老铁经济”，用户在三、四线城市占比较大。快手电商成交总额（GMV）两年增长千倍。如今快手已形成电商、游戏、二次元、知识付费等多元业务并行发展的局面。2021年2月，快手在港交所上市，总市值达1.38万亿港元，腾讯、百度也有资本在其中。

（五）视频号

视频号是腾讯旗下的新生短视频平台，2020年1月上线，一年用户超过6亿，成为继抖音、快手之后中国第三大短视频平台。视频号快速崛起，依托于微信的10亿日活量。视频号用户拉新容易，只需要在每天刷朋友圈之余顺手点一下，所以视频号创下了下载新记录，随着视频号的全量开放，用户数还将加速增加。视频号的红利离不开三大背景：微信10亿日活用户基本盘带来的无限可能；新媒体内容的全面视频化趋势；公众号、朋友圈、社群、小程序搭建起的微信生态。从商业模式看，抖音、快手的商业运作模式，视频号都能运用。而且，以微信为依托，视频号更具优势。视频号是传统微信自媒体人最方便的转型平台，现在也正处于最好的红利期。

（六）Bilibili（B站）

哔哩哔哩，英文名：bilibili，简称B站，中国年轻新生代高度聚集的文化社区和视频平台。2020年8月，B站活跃用户首次突破了2亿，是除手游以外，日均时长最长的App。B站的主要特点包括：独特的语言体系：梗+段子+表情包+弹幕，用户的强黏性、高忠诚，在高速增长的过程中已经形成了一个闭合的生态；在直播领域，长视频的运用让知识类视频提供者获得趁手的平台。在2020年，受疫情影响，衍生网课热潮，有近1亿用户在B站观看了知识类视频，相当于同年高考人数的9倍，并由此催发一系列连锁反应，也让B站迎来黄金时代。如今的B站，商业化浓度、密度很低，拥有动画、番剧、国创、音乐、舞蹈、游戏、知识、生活、娱乐、鬼畜、时尚、影视等 30多个内容分区。生活、娱乐、游戏、动漫、科技是B站主要的内容品类，并开设直播、游戏中心、周边等业务板块。B站已打破以前二次元社区的概念，正成为综合性的内容平台。像跨年晚会、放卫星、后浪刷屏等大事件，更让B站引起各层次人的关注。

（七）微博

微博效仿自美国的推特（Twitter），在我国起步早，是用户忠实度较高的社交平台。2009年8月，新浪率先推出“新浪微博”。紧随其后，腾讯、搜狐、网易也相继开设微博。其特点是：140字，内容短、信息快、可链接、可分享，图片、视频多种形式，注册用户既是观众又是发布者，发布快，传播快，受众面广。微博最大的价值就在于可以炒作一个话题，让更多的用户接触到这个话题，再在这个话题上再生产内容。几乎现在的所有热点都始于微博。而且微博天生平民化，老少皆宜，且广泛分布在桌面、浏览器和手机等多个平台上，是最早的一批自媒体人的最主要平台。2020年9月28日，随着腾讯宣布正式退出微博，目前国内只有新浪一家开设微博。

（八）小红书

小红书是通过文字、图片、视频笔记等分享生活的App平台， 2013年6月成立，截至2019年年底，月活跃用户数过亿，以女性为主，占比80%，一度是年轻时尚女性的最爱。真实分享是小红书的最大特点，发布的内容都来自真实的生活和体验，包括美食体验、服饰搭配、美容护肤、家居布置等。“小资生活”“三次元社区”，吸引了不少新时代女性和年轻人加入小红书。年轻人在生活中愿意到小红书“种草”，进而消费。许多品牌的商品受吸引进入该平台，和用户建立联系，传递品牌故事，促进消费。

（九）知乎

知乎是中文互联网高质量的问答社区和创作者聚集的原创内容平台。其名字直观地体现了其建立的目的，就是问答业务，分享知识、经验和见解，找到自己的答案。知乎正是凭借认真、专业、友善的社区氛围，独特的产品机制，以及结构化和易获得的优质内容，聚集了中文互联网各行业、各领域的一大批精英群体和最具有创造力的人群。知乎围绕着生活、健康、教育、科技等各个领域，有非常多的话题沉淀，并持续搅动用户圈层。知乎的商业化也是围绕内容去展开的，以前它是一个“消费内容”的平台，现在知乎开始把内容引导到消费上，用优质内容有效开拓新的营收模式。

（十）喜马拉雅

喜马拉雅是声音的汇聚地、集散地，我国最著名的音频分享平台。2013年3月，手机客户端上线至2017年9月。喜马拉雅现占据了国内音频行业 73% 的市场份额，还拥有超过 3500 万的海外用户。喜马拉雅，用声音分享人类智慧，引跑音频行业创新，吸引了大量的文化和自媒体人投身音频内容创业，其中包括高晓松、马东、郭德纲等 8000 多位有声自媒体大咖和 700 万有声主播。他们共同创造了覆盖财经、音乐、新闻、商业、小说、汽车等 328 类6000万有声内容[①]。不仅如此，新浪、福布斯、36 氪、三联生活周刊等 200 家媒体和阿里、百度、肯德基、杜蕾斯、欧莱雅等 3000 多家品牌也都纷纷入驻喜马拉雅。据喜马拉雅官方消息，2020年8月喜马拉雅以200亿元人民币市值位列“苏州高新区·2020胡润全球独角兽榜”第108位。

其他如综合类的百家号、搜狐号、大鱼号（UC号）、企鹅号、网易号、排行榜、一点资讯、凤凰，视频类的火山、秒拍、美拍，直播类的斗鱼直播、花椒直播、虎牙直播、YY直播、优酷直播、酷狗、六间房、小米直播，音频类的企鹅FM、荔枝FM、蜻蜓FM，问答类的百度知道、悟空问答、爱问知识人、搜狗问答、360问答，文库类的百度文库、豆瓣文库、豆丁文库、热问、道客巴巴、中国文库、原创动力文档、爱问共享资料等，也是自媒体人根据不同的定位正在应用的平台。

① 李廷玉.“喜马拉雅”知识服务商业模式探析. 河北大学硕士学位论文，2019.

Chapter 4

第四章

黑龙江自媒体人生存状况调查

一、调研背景

黑龙江省的自媒体发展虽然在全国相对落后，缺少行业领军者，但其发展速度、覆盖领域乃至队伍的壮大都不容小觑。他们的生存状态需要得到有关部门的关注。

2021年1月起，笔者通过对自媒体、自媒体人、我国自媒体平台和黑龙江自媒体发展特点进行分析，对在黑龙江乃至全国有一定影响力的自媒体人进行专访，对200多名自媒体从业者开展问卷调查，形成调研分析报告。

二、调研数据依据和估算分析

（一）中国互联网络发展状况统计报告数据

根据2021年初中国互联网络信息中心（CNNIC）发布的第47次《中国互联网络发展状况统计报告》显示的网民学历和网民结构以及艾瑞网的调研数据，推算网民和自媒体人结构比例，网民人数约为10亿，自媒体人数约为1000万，其比例为100∶1。

（二）自媒体行业数据的产业状况和主要使用平台

2019年自媒体行业的广告收入达895亿元，2020年自媒体行业广告市场规模已经突破1000亿元。目前用户关注度高，自媒体使用频次多、传播力量强的常用平台主要有抖音、快手、视频号、B站、公众平台、头条号等。

（三）对黑龙江自媒体人数量估算分析

据2020年8月5日黑龙江省通信管理局发布的《2019年黑龙江省互联网发展

报告》显示，截至2019年年底黑龙江省网民规模约2816.3万人，互联网普及率为75.1%。

按照100：1的比例推算，黑龙江自媒体从业者应该在28万左右。而实际上，自媒体从业者主要集中分布在经济发达和文化产业活跃地区。黑龙江作为经济欠发达和人口流出地区，自媒体产业并不发达，从业人员远远达不到网民10%的份额。

黑龙江省到底会有多少自媒体人呢？这个数字无疑是个变量。根据网民学历结构和自媒体人学历结构，笔者建立了估算模式。据中国互联网络信息中心（CNNIC）发布的第47次《中国互联网络发展状况统计报告》，截至2020年12月，我国网民学历结构：小学及以下19.3%，初中40.3%，高中、中专、技校20.6%，大专10.5%，本科及以上9.3%。在黑龙江自媒体人生态调查中，自媒体人专科以上学历占了90%（统计附后）。在黑龙江2800万网民中，20%有大专以上学历，也就是说有560万网民是自媒体的基础人群。而按照自媒体区域聚集统计，发达地区占比超过70%的人群，这560万大专以上学历的网民只有30%的基数168万人，这些人的10%才有可能是黑龙江从事自媒体的人群，即1.68万人。再通过我国自媒体人学历比例构成的分析，作出进一步的推断：截至2020年年底，我国1000万自媒体人中，专职自媒体人大约是400万人，兼职大约600万人。按此比例估算，黑龙江专职自媒体人有0.8万人，兼职自媒体人有1.2万人。

三、黑龙江自媒体人生存状况调查及分析

在对黑龙江部分自媒体人进行调研采访后，2021年1月25日针对受访自媒体人关注的问题，笔者通过问卷形式对黑龙江自媒体人生存状况进行调查，提出七大类20个问题，并对调查内容、数据等进行了系统分析。根据调查数据的合理性分析，以专职自媒体人0.67万人为母体基数，期望的信心水准为80%，误差为5%。为了使调查结论真实有效，调查问卷参与人数需达到161人。因此，我们选取200人进行问卷调查。

（一）黑龙江自媒体人生存状况调查的问卷说明

发布时间：2021年1月25日—3月25日。

调查对象：黑龙江自媒体从业者。

调查人数：200人。

信息来源：管理部门、自媒体联盟、自媒体平台等。

调查内容：性别、年龄，学历、专业、从业经历、平台、生产、经营、收入、用人情况、竞争、健康、期望等。

使用的平台：问卷星。

（二）调查相关内容及结论

1. 第一类：黑龙江自媒体人基本情况，共4个问题

通过对黑龙江自媒体人性别、年龄，学历、专业调查数据，得出相关结论。

1）问题：性别

调研数据结果为男性76.42%、女性23.58%（见图4-1）。

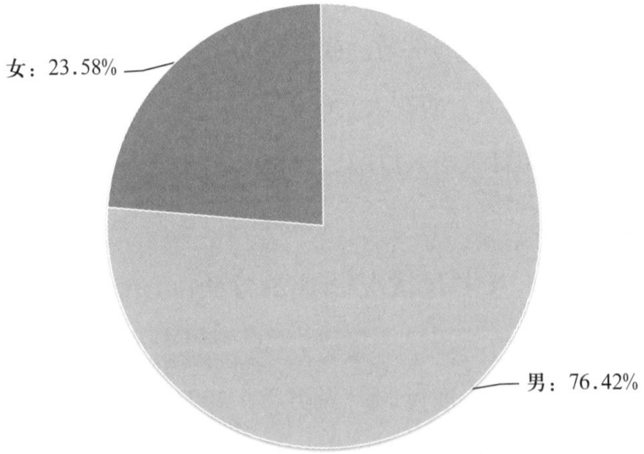

图4-1　从业者性别比例

调研结论：黑龙江自媒体从业者以男性为主。

2）问题：年龄

调研数据结果为80后占48%，70后占33%，90后占10%（见图4-2）。

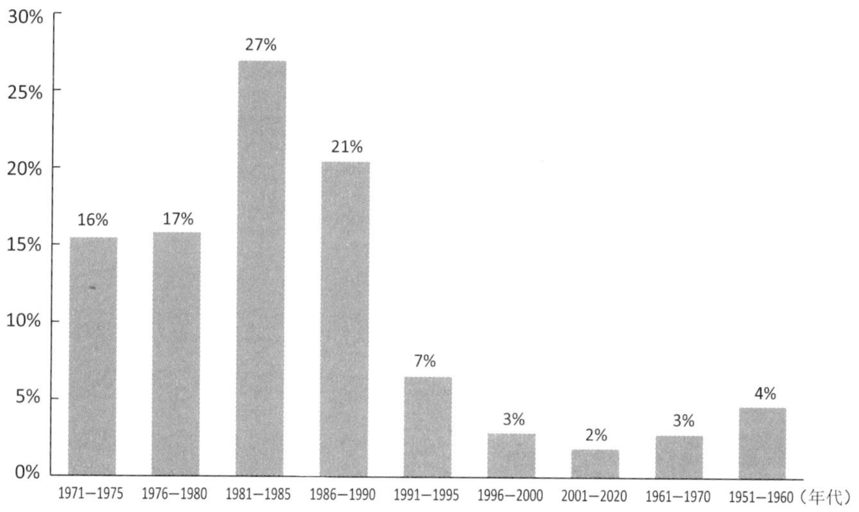

图4-2 从业者年龄结构

调研结论：三个年龄梯队层次分明，30～40岁是黑龙江自媒体人的主要年龄段，是自媒体创业者的主力军；而41～50岁的自媒体人比重也占了33%，是黑龙江自媒体人的中坚力量；20世纪90年代出生的人也开始涉足自媒体行业，是未来黑龙江自媒体发展的后备力量。

3）问题：学历

调研结论：黑龙江自媒体从业者50%拥有本科学历（见图4-3），硕士和博士也开始进入自媒体人队伍，高学历多技能已经越来越成为自媒体行业的标配。

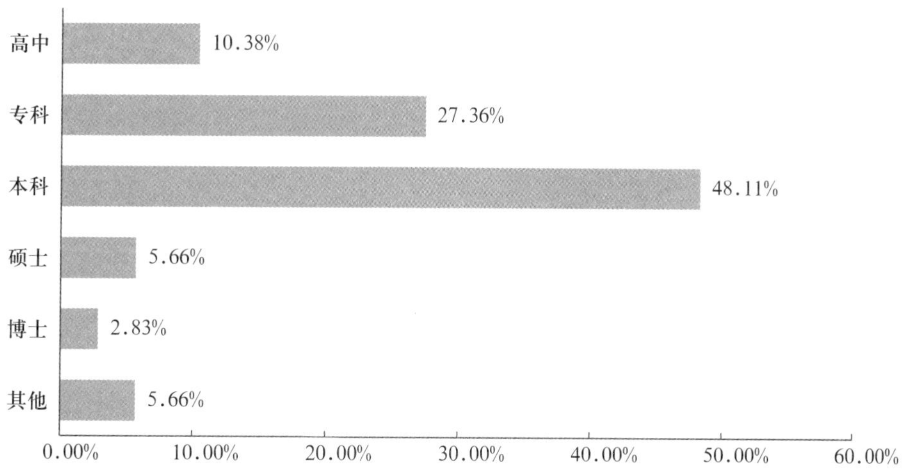

图4-3 从业者学历结构

4）问题：专业

调研结论：新闻传播、汉语言文学专业是传统媒体行业主要人才来源，计算机网络是新媒体发展之后的热门专业。调查数据显示，黑龙江自媒体行业，尽管传统专业占了33.96%的比重，但其他专业依然不是自媒体的门槛，而有些专业领域正是自媒体内容创作所需要的（见图4-4）。

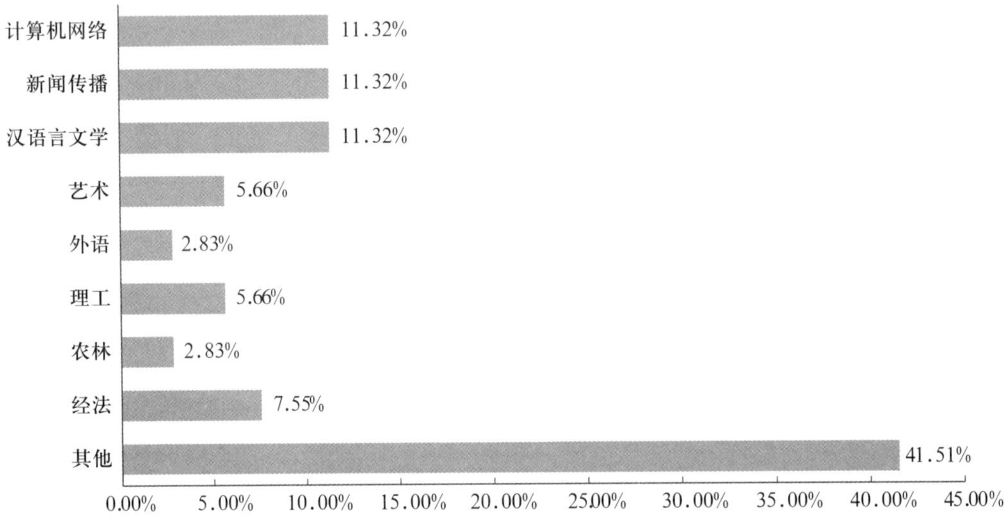

图4-4 从业者所学专业情况

2. 第二类：黑龙江自媒体人入行情况，共1个问题

调研该类问题只有一个，即“黑龙江的自媒体人最初是以什么方式进入自媒体行业？”

调研结论：2009年微博开通，有19.81%的网民进入；2010年微信公众号等客户端开始运营，27.36%的网民加入自媒体行业；2015年以抖音、快手为代表的短视频直播兴起，26.42%的网民进入该领域（见图4-5）。也就是说，随着新媒体平台的不断出现，加入自媒体行业的人员也会不断涌现，而且有不断增长的趋势。这也验证了我国自媒体发展的阶段性，从论坛到平台再到直播。相关答案得出结论，新平台的出现不断造就新的自媒体人。

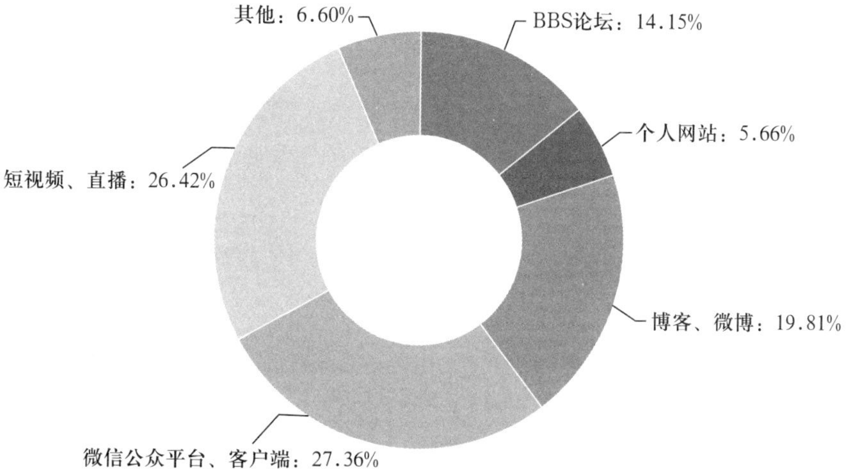

图4-5　从业者进入方式比例

3. 第三类：黑龙江自媒体主要发布平台，共1个问题

调研结论：有60.38%的自媒体人在使用抖音平台，有65.09%的自媒体人在运营微信公众平台。抖音、微信是黑龙江自媒体人的主要平台。快手（占43.40%）、微博（占37.74%）、头条号（占29.25%）是黑龙江自媒体平台的第二梯队。而B站（新兴的小众平台）也有11.32%的份额，可见其发展前景广阔（见图4-6）。

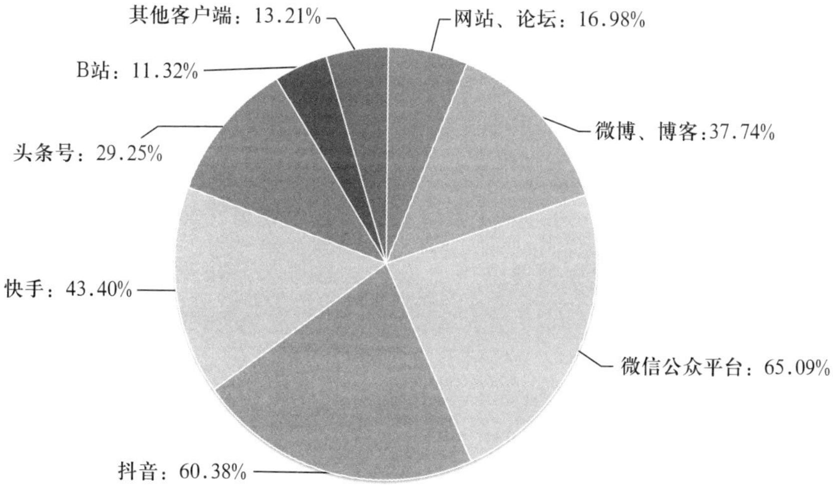

图4-6　自媒体发布平台选择比例

4. 第四类：黑龙江自媒体人生产方向和经营情况，共2个问题

1）你是哪类自媒体人？

调研结论： 内容创作是黑龙江自媒体人的主要谋生手段。据问卷调查显示，52.83%的黑龙江自媒体人是内容创作者，而组织平台运营和行业经营的分别占据25.47%和18.87%，新兴的从事直播的自媒体人有13.21%，从事技术维护与开发的自媒体人只有4.72%（见图4-7）。

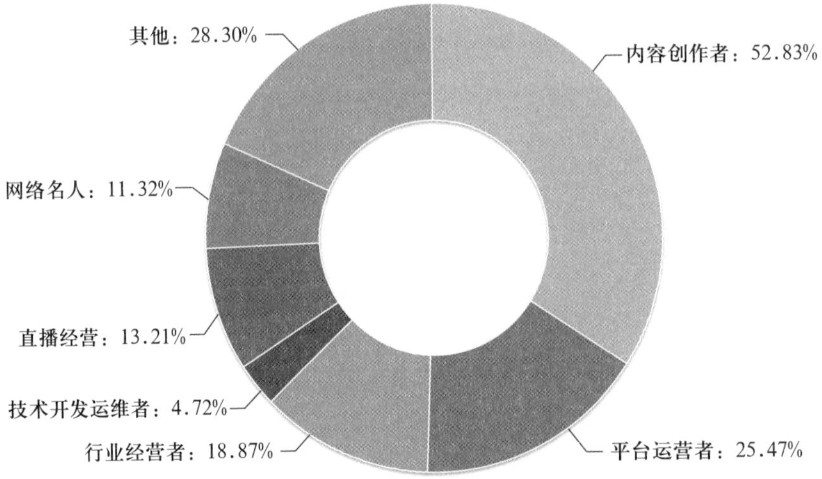

图4-7　自媒体经营方式比例

2）是否专职从事自媒体？

调研结论： 统计显示专职以此谋生的只占22.64%，在4000人左右；兼职有一定收入的占23.58%；另有53.77%的自媒体人只是出于爱好，极少有经营活动（见图4-8）。黑龙江自媒体人以爱好者居多，专职自媒体人数较少。这也是黑龙江自媒体产值不高的主要原因。

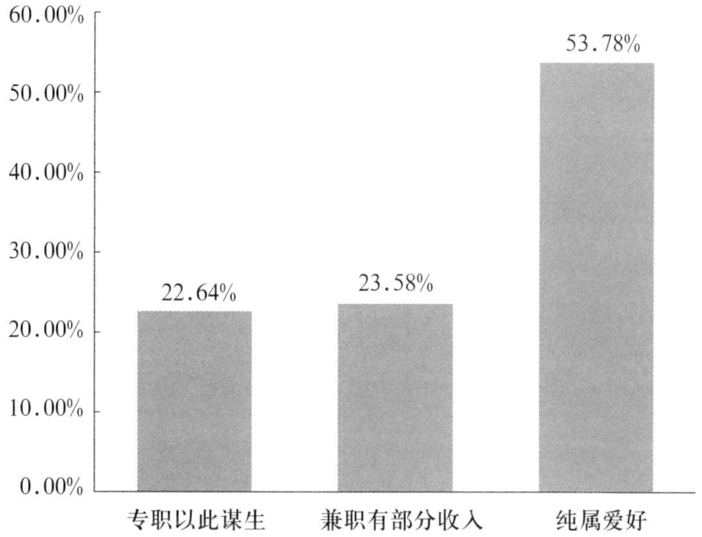

图4-8　自媒体人专兼职比例

5. 第五类：黑龙江自媒体人生存状态及产业化状况，共4个问题

1）自媒体人是否拥有自媒体团队？是否成立了公司？

调研结论：调查显示，黑龙江自媒体人以单兵作战为主，团队经营开始起步。64.15%的黑龙江自媒体人在独自运营，24.53%的有团队，11.32%的人有合作伙伴（见图4-9）。黑龙江自媒体30.19%的有公司，6.60%的准备组建公司（见图4-10）。以此分析，黑龙江自媒体人正在走产业化发展之路。

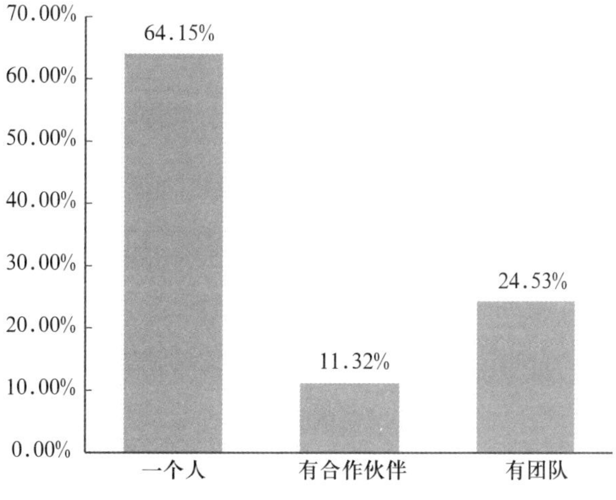

图4-9　自媒体合作方式比例

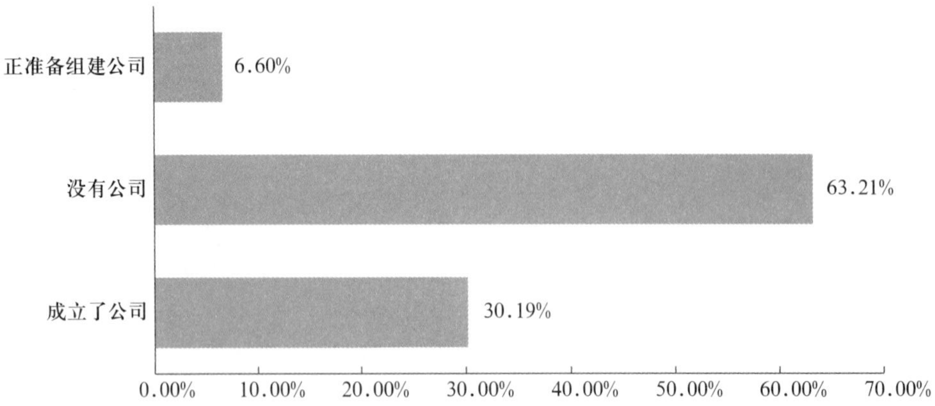

图4-10 自媒体经营方式比例

2）自媒体聘用人员情况？

调研结论：调查显示，黑龙江自媒体行业随着产业化的发展，对人员需求量不断增大，是未来黑龙江人才就业的新载体、新渠道。数据显示，聘用20人、30人、40人以上的自媒体公司分别占2.83%、1.89%和3.77%，用人规模可观（见图4-11）。随着产业化发展，黑龙江自媒体将是就业的一个新渠道。

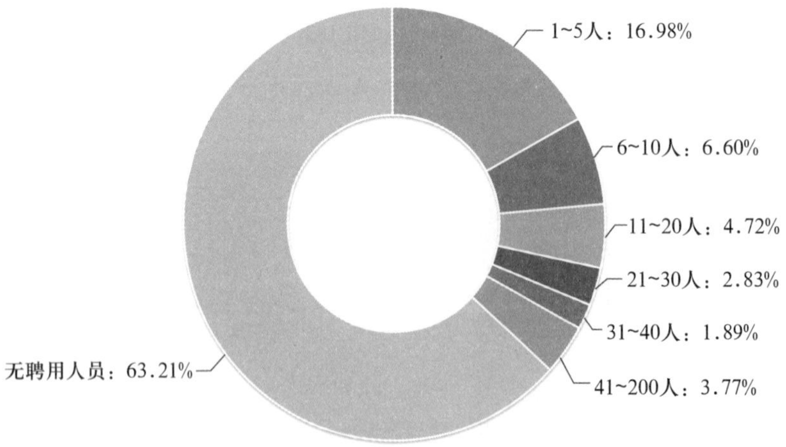

图4-11 自媒体人员需求比例

3）近3年自媒体经营情况

调研结论：通过对黑龙江自媒体人近3年的经营状况调查，去掉没有经营活动的50%的自媒体人，有经营活动的50%的自媒体运营者中，30.19%有盈利（占比较大），5.66%持平，14.15%亏损（见图4-12）。

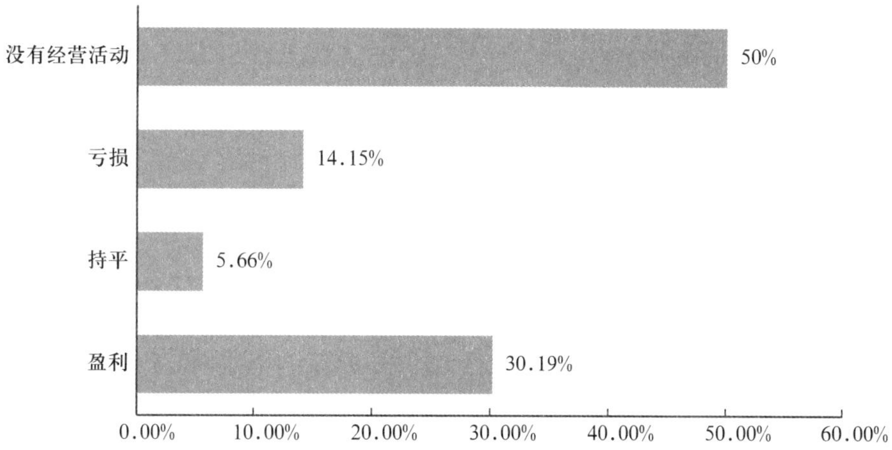

图4-12　自媒体经营情况

4）2020年自媒体收入情况

调查数据显示，有收入且年收入在5万以内的黑龙江自媒体人占19%；5万～100万收入的总计占到25%，100万～500万的总计5%，500万～1000万2%，1000万以上1%（见图4-13）。

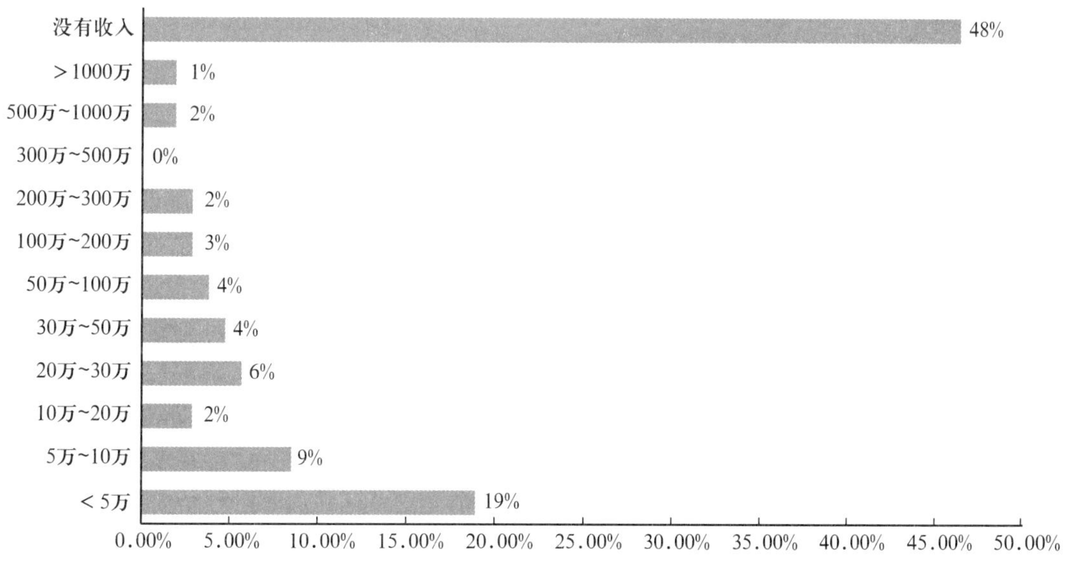

图4-13　自媒体的经营收入

调研结论：黑龙江自媒体的经营收入以小规模为主，收入超500万以上也有企业上榜。

6. 第六类：黑龙江自媒体人面临的问题、机遇、挑战及发展前景，共7个问题

1）自媒体用人方面存在的问题

调查显示，黑龙江自媒体运营者有44.34%遇到在用人上专业人才少的问题，25.47%认为用人成本高，23.58%人才流动性大，21.70%认为人才培训成本高，24.53%认为适应岗位能力差（见图4–14）。

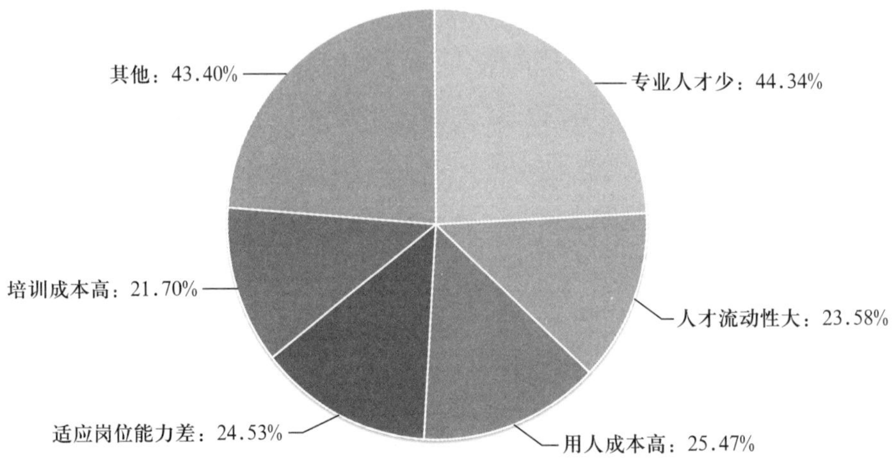

图4–14　自媒体人才问题示意图

调研结论：黑龙江缺少自媒体专业人才，人才问题是制约黑龙江自媒体发展的主要问题。

2）自媒体的核心竞争力有哪些？

调查问卷显示，有54.72%的受访者认为创作生产能力是他们的核心竞争力，有30.19%的人认为要有超前的市场意识。市场开拓能力、稳定的客户群体、差异化的竞争手段、人脉资源、团队人才优势等也是自媒体发展的竞争手段（见图4–15）。

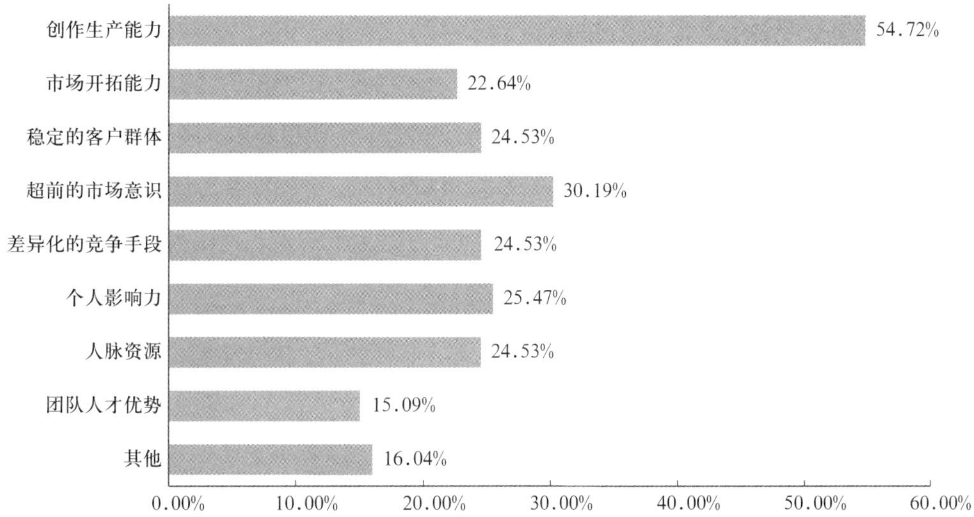

图4-15 自媒体创业者核心竞争力

调研结论：黑龙江大多数自媒体创业者认为，创作生产能力是发展的核心竞争力。

3）自媒体人面临的压力

在调查自媒体人面临的压力和挑战的问卷中，46.23%的自媒体人选择了内容创作的枯竭，44.34%的人认为新媒体变革会带来挑战，33.02%认为市场管控制约发展，30.19%的人认为没有人才，30.19%的自媒体人认为市场竞争激烈，24.53%的人担心政策变化（见图4-16）。

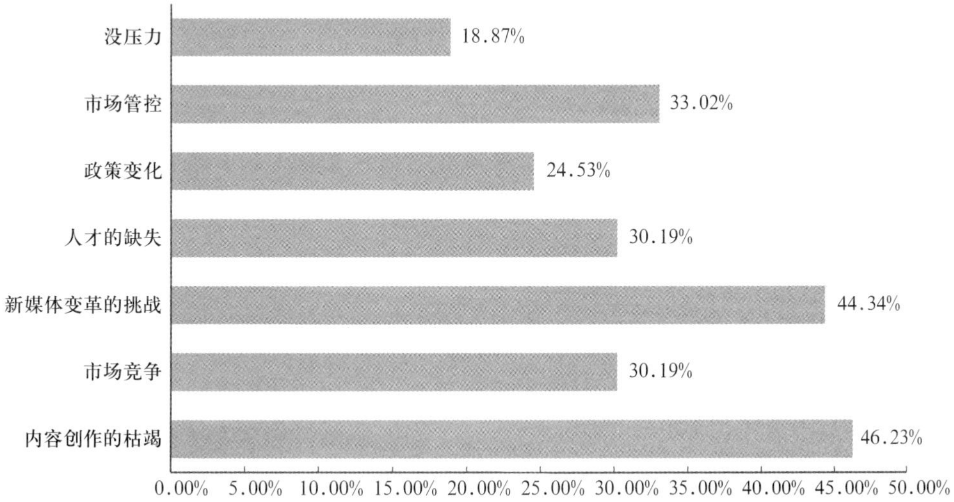

图4-16 自媒体人压力呈现的主要形式

调研结论：黑龙江自媒体创业者最大的压力来自于内容创作的枯竭和新媒体的变革。

4）在黑龙江做自媒体的前景如何？

调研结论：41.51%的自媒体人在努力坚持，25.47%的人认为有创业机遇，14.15%的人在经营着黑龙江的市场，还有18.87%的人表示要离开，在坚持中寻求市场突破（见图4-17）。

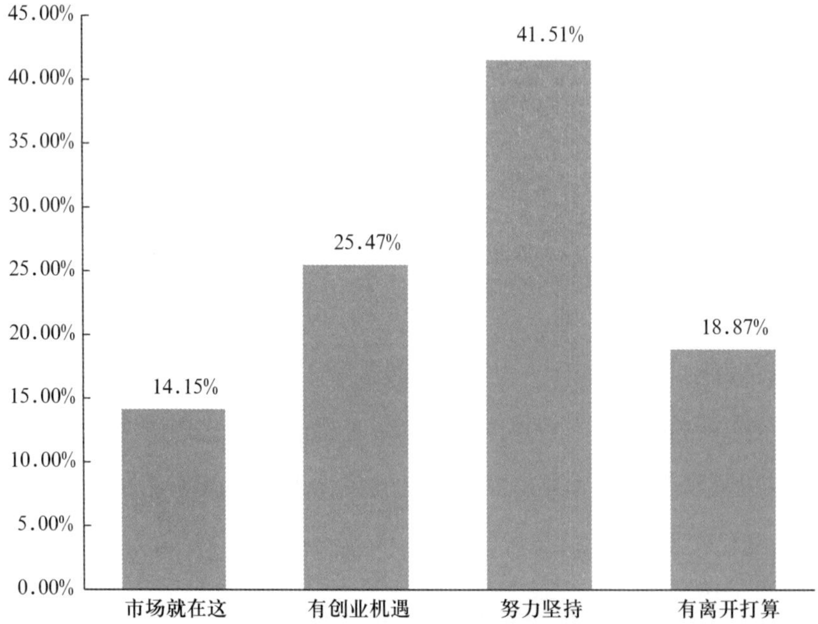

图4-17 自媒体人对黑龙江发展预期

5）黑龙江是否有自媒体的合作组织？

调研结论：调查问卷显示，黑龙江的自媒体人缺少合作，大部分为单兵作战，加入媒体类联盟的有16.98%，想加入的有15.09%（见图4-18）。

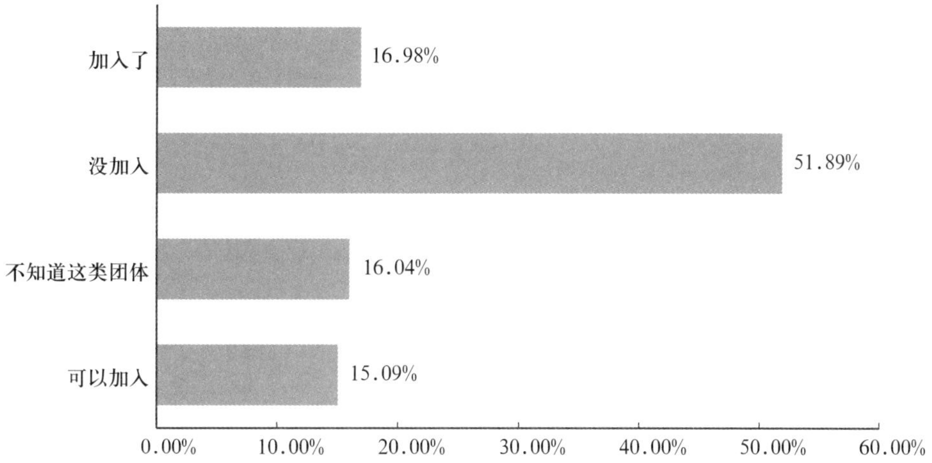

图4-18　自媒体人对合作的预期

6）黑龙江自媒体人的健康状态

调研结论：从对黑龙江自媒体人健康评价来看，61.32%的人认为自己处于亚健康状态，27.36%的认为自己身体健康（见图4-19）。

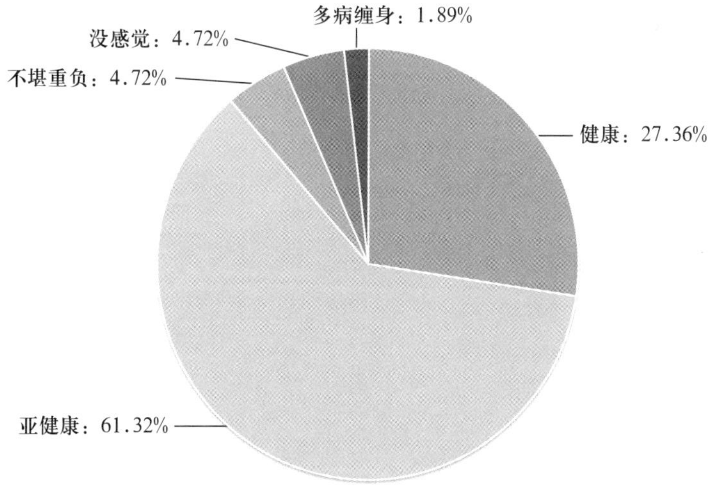

图4-19　自媒体人自身健康评价

7）黑龙江自媒体人睡眠时长？

调研结论：只有26.41%的从业者拥有8小时以上睡眠时间（见图4-20）。

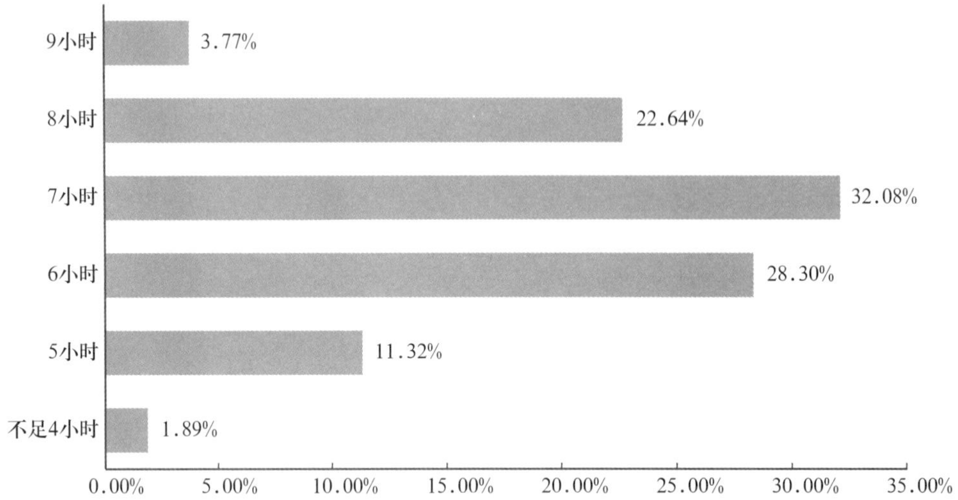

图4-20　自媒体人睡眠情况

7. 第七类：黑龙江自媒体人的希望，共2个问题

1）自媒体人希望媒体合作联盟能发挥什么作用？

问卷显示，52.83%的自媒体人认为联盟类组织能增加影响力，40.57%的人认为可互通有无做强行业，35.85%的人认为能扩大市场规模，34.91%的人认为能抵御市场风险，25.47%的从业者认为能协调竞争，16.98%认为无所谓（见图4-21）。

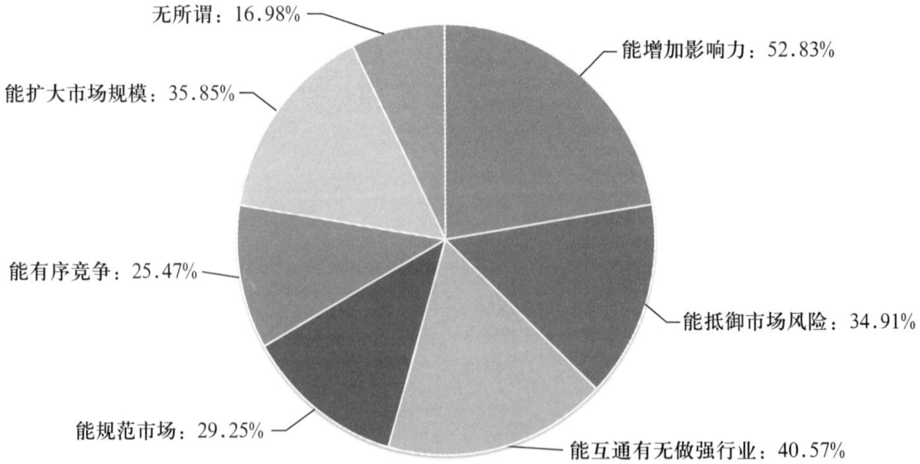

图4-21　自媒体人对联盟组织的预期

调研结论：黑龙江自媒体人希望有媒体联盟发挥积极作用。

2）自媒体人希望政府做些什么？

调查显示，59.43%的受访者希望政府部门重视自媒体的发展，50%的人希望在新媒体项目上给予扶持，46.23%的自媒体人希望有宽松的发展环境，41.51%的经营者希望在政策、资金、税收等方面提供优惠政策，34.91%的人希望能够搭建人才培养平台，27.36%的自媒体人希望政府引导建立联盟或协会（见图4-22）。

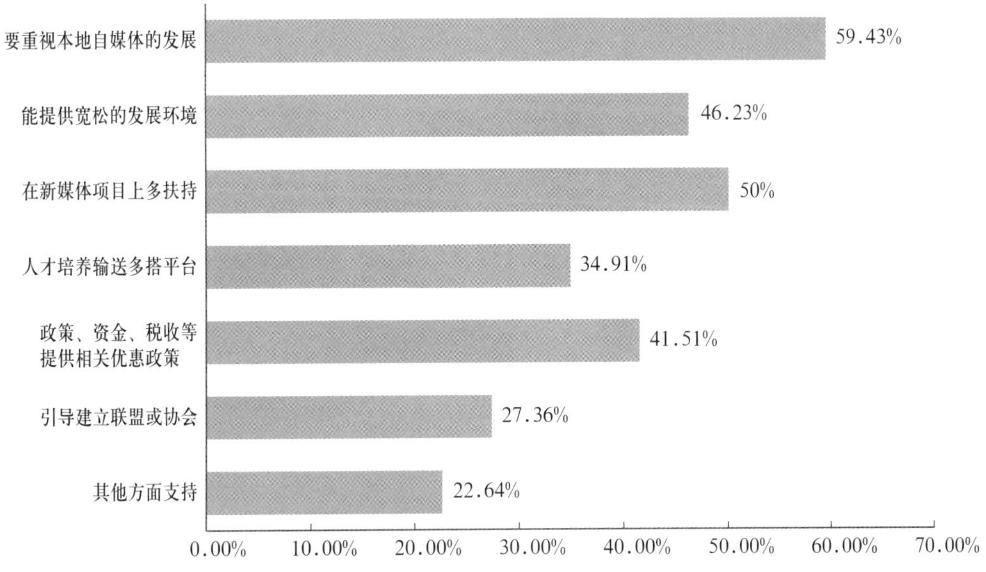

图4-22 自媒体人对政府部门的诉求

调研结论：黑龙江自媒体人希望政府部门重视自媒体，提供项目扶持、宽松环境、政策优惠等。

附件

黑龙江自媒体人生存状况调查问卷

了解黑龙江自媒体人创业情况、内容生产、生存状态、发展环境、自身需求、市场策略等。

*1. 您的性别?

□男 □女

*2. 您的年龄?

□1970—1975 □1976—1980 □1981—1985

□1986—1990 □1991—1995 □1996—2000

□2001后 □1970前 □1960前

*3. 您的学历?

□高中 □专科 □本科

□硕士 □博士 □其他

*4. 您的专业?

□计算机网络 □新闻传播 □汉语言文学

□艺术 □外语 □理工

□农林 □经法 □其他

*5. 您最初以什么方式进入自媒体领域?

□BBS论坛 □个人网站 □博客、微博

□微信公众平台、客户端 □短视频、直播

□其他

*6. 【多选题】您现在拥有的主要自媒体发布平台有哪些?

□网站、论坛 □微博、博客 □微信公众平台

□抖音 □快手 □头条号

□B站 □其他客户端

*7. 【多选题】您是哪类自媒体人?

□内容创作者 □平台运营者 □行业经营者

□技术开发运维者 □直播经营 □网络名人

□其他

*8. 您是否专职从事自媒体?

□专职以此谋生 □兼职有部分收入 □纯属爱好

*9. 您是否拥有自媒体团队？

□一个人　□有合作伙伴　□有团队

*10. 您是否成立了公司？

□成立了公司　□没有公司　□正准备组建公司

*11. 您聘用了多少人？

□5人以下　□6～10人　□11～20人

□21～30人　□31～40人　□40人以上

□无聘用人员

*12. 近3年来您的团队或公司经营状况如何？

□赢利　□持平　□亏损

□没有经营活动

*13. 2020年您的团队公司经营规模或收入（人民币）？

□5万以内　□5万～10万　□10万～20万

□20万～30万　□30万～50万　□50万～100万

□100万～200万　□200万～300万　□300万～500万

□500万～1000万　□1000万以上　□没有收入

*14. 【多选题】您在用人方面遇到哪些问题？

□专业人才少　□人才流动性大　□用人成本高

□适应岗位能力差　□培训成本高　□其他

*15. 【多选题】您做自媒体最大的压力和挑战是什么？

□内容创作的枯竭　□市场竞争　□新媒体变革的挑战

□人才的缺失　□政策变化　□市场管控

□没压力

*16. 【多选题】您认为您的核心竞争力是什么？

□创作生产能力　□市场开拓能力　□稳定的客户群体

□超前的市场意识　□差异化的竞争手段　□个人影响力

□人脉资源　□团队人才优势　□其他

*17. 您认为在黑龙江做自媒体前景如何?

□市场就在这 □有创业机遇 □努力坚持

□有离开打算

*18. 您是否加入了媒体类联盟或协会?

□加入了 □没加入 □不知道这类团体

□可以加入

*19. 【多选题】您希望媒体合作联盟能发挥什么作用?

□能增加影响力 □能抵御市场风险 □能互通有无做强行业

□能规范市场 □能有序竞争 □能扩大市场规模

□无所谓

*20. 【多选题】您希望有关政府部门对自媒体做些什么?

□要重视本地自媒体的发展

□能提供宽松的发展环境

□在新媒体项目上多扶持

□人才培养输送多搭平台

□政策、资金、税收等提供相关优惠政策

□引导建立联盟或协会

□其他方便支持

*21. 您每天的睡眠时间?

□9小时 □8小时 □7小时

□6小时 □5小时 □不足4小时

*22. 您对自己健康的评价?

□健康 □亚健康 □不堪重负

□没感觉 □多病缠身

23. 您还有什么想说的(可以不答)?

□提交 □举报

Chapter 5

第五章

黑龙江自媒体人速写

在调研黑龙江自媒体生存状态过程中，笔者对其中一部分具有一定影响力的自媒体人进行了专访。他们中有著名博主，有喜马拉雅的说书人，有专业网站的创始人，也有传媒公司的CEO……他们的自媒体经历曲折丰富。他们的作品征服了千万粉丝。他们小有成就，依然走在为自媒体事业努力拼搏的道路上。他们的故事既是个性的，也是共性的；既是黑龙江特色的，也具有全国普遍性的特点。他们的故事值得记录和分享。

注：本章选取了笔者的访谈文章、省市宣传部门对他们的宣传文章以及他们的自述，让读者进一步深入了解这些在黑土地上活跃着的自媒体人（排名不分先后）。

一、“霞客”天华
——冰城馨子的视觉天下

出门背着航拍器，扛着一大包摄影器材。或是翻山越岭，探寻神秘的祖国东极、北极，藏北、甘南；或是徜徉呼伦贝尔大草原，游历镜泊山水、中国雪乡，感受三亚令人着迷的小海湾；或者静静地捕捉哈尔滨地道的锅包肉出勺，中央大街白领丽人午后小聚。这就是冰城馨子（见图5–1），一个美女摄影师、旅游达人、博主、自媒体人，小身材迸发大能量，用照片说话，用美文倾诉，以精彩的博文给你带来迷人的视觉冲击，让你充满向往，也想做个背包客，来一场说走就走的旅行。

热爱旅游的冰城馨子

第一次听说冰城馨子，还是十几年前，在交通部门工作的妻子给我看了一组雪乡公路的照片，展现路景相融。公路亦是美景，并作为一条经典自驾游线路推荐给“驴友”们，让交通人与之共鸣。当时的感觉就是照片拍得大气，大美龙江秋色绚丽，呼之欲出，令人神往。

图5–1　冰城馨子

时隔多年，这次作黑龙江自媒体人调查，朋友又向我推荐了冰城馨子。我们交流了几次，更是莫名的亲切。我们聊起共同的好友哈尔滨著名的纪录片导演郑鸣。他参加南极科学考察队，自驾越野车穿越国境线，到14个与我国陆路接壤的友好邻邦采访，拍摄《睦邻》。冰城馨子同样巾帼不让须眉，2017年策划了“中东铁路寻迹跨境自驾游”的专题，以哈尔滨为中心展开，用了半年多的时间，跨越中俄两国的20多个城市，行程4200多公里。她沿中东铁路，边走边照，边走边记录，19篇游记，几百张图片，一路风情、一路历史、一路文化。从第一站哈尔滨“老江桥”，也就是现在的中东铁路公园，穿越塞外江南扎兰屯、博克图兴安隧道；从满洲里走出国门，“行在贝加尔畔，走在西伯利亚画卷里”。每一组图片都在探寻历史、传承文化、记录风土人情，吸引更多的人关注百年中东铁路文化。这个策划获得东北自驾游大赛二等奖。

“当摄影和写作的爱好与旅游结合在一起的时候，赵天华没有停留在只是单纯的拍摄风景，她的游记还融进了很多历史文化的见闻和感受。”这是伊春市有关部门对她的评价。冰城馨子本名赵天华。2005年热爱旅游的她建立了冰城馨子新浪博客，至今已发表图文并茂的原创文章3400多篇。她的足迹遍布全国，乃至世界。黑龙江五大连池的火山熔岩、伊春小兴安岭最美的秋色、一望无际的三江湿地、醉美331边防路沿线、华夏“两极”、大兴安岭古驿路文化探寻等多条线路，成为她博文的热点。她还应各大网站、景区之邀，到祖国各地大好河山采风撰文，受旅行社之邀去印度、埃及、柬埔寨、土耳其等国家采风。中国驻埃及大使馆多次转发她介绍埃及旅游的博文。

热爱家乡的冰城馨子

冰城馨子无时无刻不把对家乡的热爱倾注到她的作品里，发表在博客上，推介到媒体上。

为了让家乡的美食文化广为流传，她倾心为老厨家餐馆拍摄，拍出“哈尔滨范儿”。她从哈尔滨江南到江北拍摄了五个不同特色的餐厅。“老哈风格”的老厨家友谊路店，展现了哈尔滨老道外中华巴洛克风情的建筑结构，老地图、老照片；“网红店”老厨家中央大街店，“华洋大菜馆”“道台府道台中厅”“官膳堂”“中东铁路老火车”四大主题，再现哈尔滨当年“东方小巴黎”华洋杂处、中西合璧的特色；老厨家融创茂店处于商场之中，闹中取静；老厨家78号私房小馆开在老洋房——著名历史建筑，公司街78号，曾经的中东铁路办公地点，百年洋房，幽静私密，鲜花藤蔓，古典田园家具，网扣白色桌布，一桌一景……当然，冰城馨子带你感受哈尔滨风情、领略哈尔滨的历史文化的同时，拍摄的主角还是酸甜适宜、外酥里嫩的“锅包肉”。“唯有美食不可辜负”，由老厨家创始人从清代传承下来的这道美食，拍得让人直流口水。

图5-2　大美伊春（冰城馨子提供）

推介大美龙江更是冰城馨子不懈的追求。2008年5月，朋友介绍她去伊春杜鹃花节采风。她把地质公园的杜鹃花与火山石、森林，还有别人注意不到的苔藓完美地结合在一起，呈现了伊春杜鹃在岩石中傲然绽放的独特之美。之后连续十几年，她一年四季来伊春采风（见图5-2）。春天，冰凌花、杜鹃花凌寒盛开；夏天，“22摄氏度的伊春醉绿醉氧醉风光”，天然的森林氧吧让人神往；秋天，五花山色最炫视觉盛宴，“是谁不小心打翻了调色盘，湖蓝、草绿、玫瑰红、柠檬黄，大片大片的颜料将层林尽染”；冬天，“有一种冬天壮美叫伊春的冬天”，中国面积最大的冰雪红松母树林、中国姿态最优美的库尔滨雾凇都在这里。让我用一个词来比喻伊春，我赋予它的是壮美；让我用一个词来赞美红松，我送给它的是豪情。以上种种展现了冰城馨子对大美伊春的热爱和热切推介之情。2009年，她在国庆前夕发表的《把伊春小兴安岭最美的秋色，献给祖国的生日》一文被推送到新浪网首页，成为新浪新中国成立60年专题的优秀博文。这篇博文被收录到哈尔滨师范大学出版社出版的大学教材《现代新闻与纪实摄影教程》中，成为新闻纪实报道范文。

冰城馨子对黑龙江的宣传得到媒体和社会的广泛认可。《中国旅游报》《中国妇女报》分别用半个版面对她的事迹进行报道，《航空画报》《国际日报》《黑龙江画报》《黑龙江日报》《哈尔滨日报》和黑龙江电视台、哈尔滨电视台等多家媒体对冰城馨子有关旅游宣传的情况进行多次报道。新浪黑龙江为她举行过专场分享会。她还两次在黑龙江省图书馆作“真人图书”演讲。

热爱自媒体事业的冰城馨子

从2005年建立冰城馨子新浪博客，赵天华迄今已有16年的自媒体生涯。她紧跟时代的脉搏，先后拥有微信公众平台、今日头条、搜狐号、网易号、一点号、百家号、企鹅号、新浪微博、悟空问答、艺龙、乐途、抖音、微摄、阿邦网等十几个自媒体平台。随着短视频的飞速发展，2019年她用视频的方式创建了“哈尔滨快闪”专题，对哈尔滨城市的发展和旅游进行宣传介绍，已经发布系列专题片十二期，其中《一座城，一条江，六架大桥似彩虹》获得“今日头条”青云计划奖。

作为一个自媒体人，赵天华热爱这份事业，愿意用内容作为第一生产力，勤奋不止，脚步不停，镜头不放，笔耕不辍。据不完全统计，她在各平台的总发文及网站转载文章数可达20000多篇（次），获得点击总量3亿多，拥有固定粉丝近百万。介绍哈尔滨的博文《哈尔滨，东方莫斯科的绰约身影》上了中国日报网的头条；《冬天到哈尔滨穿什么？》仅今日头条点击量就达150多万；《我为哈尔滨点赞，我为我的城市骄傲》《航拍哈尔滨，我的第二故乡》等博文点击量都达10万以上。

冰城馨子坚持各类平台发布的内容都是在亲身体验的基础上形成的，对每一个留言、咨询的网友都是有问必答，力所能及地帮助网友安排线路食宿等，因而吸引了粉丝群的持续关注。众多的网友来黑龙江、来哈尔滨都是按照冰城馨子介绍的线路进行参团和自助游。

冰城馨子作为自媒体人（见图5-3），不仅宣传旅游，推荐美食、美景，而且还具有媒体人的那份责任感。2018年初的“雪乡事件”出现后，她及时发出《什么样的美，吸引着这么多游人来雪乡呢？》等文章，顶着各种压力让网友了解实际情况。2018年11月“雪乡物价”风波再起，她又及时发声说“《人民日报》终于站出来给雪乡一个公正的报道了”。

图5-3　飒爽英姿的冰城馨子

依托“冰城馨子”自媒体这一品牌，赵天华受邀担任哈尔滨市互联网联合会理事、中国艺术摄影家协会会员、中国女摄影家协会会员、黑龙江摄影家协会会员理事、哈尔滨摄影家协会副秘书长。她先后被黑龙江省文化和旅游厅、伊春市文化和旅游局、哈尔滨市文化和旅游局、五大连池风景区、镜泊湖风景区、雪乡风景区、同江文化和旅游局、伏尔加庄园、黑龙江省杂技团、呼伦贝尔草原国家公园等旅游部门和景区聘为旅游宣传代言人。2019年，她获得哈尔滨市委首届“冰城好网民”荣誉称号。这些年她还先后获得“感动哈尔滨旅游达人”“感动五大连池旅游达人”“伊春优秀网络人才”的表彰和奖励，被多家媒体称为“自媒宣传黑龙江旅游第一人”。

●调查问答

左晓东：您认为怎么才能让黑龙江出现更多的冰城馨子？

赵天华：黑龙江现在也有不少自媒体做得不错。摄影人偏重图片，摄像者重在视频，把图片、视频与文字结合起来有些难度。查历史文化资料，文字还要有点文学色彩，游览攻略需亲历亲为，都要花很多时间，做起来很累。我撰写一篇文图结合的文章至少要用七八个小时。现在流行视频、直播，相对轻松一些的，但留下来的东西与图文并茂的文章不一样。我认识几个黑龙江的自媒体人，做一段时间还可以，长期坚持就不行了。都有各自的生活，只靠爱好还是不行的，需要扶持。原创，难！政府的扶持太有限了，希望呼吁有关部门多给些支持和扶持。前几年省旅游委与我合作，我成了和他们唯一自媒体合作者，时任省长王文涛也关注过我。如今合作虽然结束了，但我依然还在为黑龙江旅游作宣传。去年《那么北，那么美，走上高高的大兴安岭》被省文旅厅翻译成英文，发到网站、推特上，有六七个国家转发、翻译。那篇文章有上百张照片、4000多字。我是喜欢做这事，还有些合作支持。我这么走，我爱人支持我。他开车，我们一起走。他专业摄影，好多航拍都是他拍的。没这些，我做也很难。

左晓东：您会一直这么坚持下去吗？您的动力是什么？

赵天华：我会一直这样走下去的。对我来说，可能不需要坚持，因为这已经成为我的生活，即旅游、摄影、写作、自媒体分享。这是我的快乐！

●链接

新浪博客，我的花样年华

冰城馨子

2019年1月是新浪20周年，也是我在新浪写博客整整13年。看到“我和新浪的故事”这个话题，真是感慨万千。在新浪写博客这13年4700多个日子，我发博客文章2972篇，平均每一天半发一篇博客，至少写了300多万字,发图6万多张，发了6953条微博。13年的时间，一个刚出生的孩子长成了少年，我建博客那年45岁，如今马上步入花甲之年。这些年，因为新浪博客，让我坚持了写作的爱好，学会了摄影，喜欢上了旅游，日子过得充实而有活力。应该说，在新浪博客的这13年，是我人生中的花样年华。

我是从2005年5月开始写博客的，当时在《HOSO小报》上写。2006年初朋友说新浪建博客了，那里天地更宽，你应该上那里去写。于是，2006年的1月我在新浪开博。没过几个月，我的博客意外地入选了“新浪最值得收藏的博客”。那时我的点击量才3万多，可见新浪看中的不只是点击量，还有质量和态度，这让我非常感动。从此，新浪成了我心灵的家。有意思的是，我习惯在新浪博客的后台写作，这样才有灵感。这个习惯坚持至今。新媒体全面开花的今天，我已经有了十几个自媒体平台，但我依然还是在新浪首发，而且全部是原创。

没有想到的是，在博客上写游记，不但博得了网友的喜欢，还有了好多的机遇。2007年秋，我在新浪“2008我记录–生活变迁”征文中，获得了第一周冠军。当我的大幅照片出现在新浪网首页上时，我真的不敢相信玩能这样的酣畅淋漓。后来我被美国《纽约时报》下属的中国生活网站“阿邦网”邀请做了“黑龙江旅游”的主编。我在博客上的内容也开始以旅游为重点，并受到了各旅游部门、景区的欢迎，成为黑龙江旅游自媒体宣传的第一人。然后博文被编进了大学教材，我开始出书，签约等。这一切皆因新浪博客，让一个只是喜欢写写拍拍的我，被众多网友关注。

最喜欢的是新浪博客的气氛，喜欢这里博友的素质与真诚，在这里结下了世界各地许许多多的好朋友，有很多令人难忘的故事。记得有位侨居在加拿大的博友叫@水流云在，他的才能和为人让我很敬佩，我们成为好友。不幸的是他患了癌症。得知他的病情后，我与博友们都非常难过。我写了一篇《无论水流到哪里，水在云就在。云在，你就在！》的博文，很多网友上来为他祝福。他走后，他的女儿把他的博文图片编辑出了本画册并送给了我，文中提到在他生命最后的日子，他还一直坚持看我写的这篇文章和博友的留言，给了他巨大的安慰。

还有一位香港博友，看了我博客，受过心灵创伤的她重拾写作的爱好，树立生活的信心，专门组团到我介绍过的伊春、五大连池、呼伦贝尔去旅游。一位我自助游时住过的老乡家，经我在新浪博客上发游记成了网红，现在民宿生意火红；同江冬季的江鱼渔市，经我介绍推广，网上订购量翻了几十倍等。实在是有着太多的感人的故事。写博客不只是一个爱好，也帮助了不少人，为社会尽了微薄之力，这也是我最为欣慰的。《中国旅游报》《中国妇女报》《黑龙江日报》《南航画报》等报刊都发表过对我的专访，这是我当初写博客根本没有想到的。

感谢新浪，如果没遇见你，我得遗忘多少珍贵的时光。最喜欢新浪的博文目录，年代、月份、发文数一目了然。新浪博客已经成了我的工作平台和资料库，找照片来查，回忆事件来查，报刊杂志约稿上来查，连省市旅游部门找资料也上来查，这个功能是其他任何一个自媒体平台都没有的。前几天在新浪博客的周人气榜上，意外地发现我排在了第四名，前三可都是金融大V啊！其实到了我这个年纪已经看轻了名次，值得让我欣慰的是我把自己的爱好坚持了这么久，而且还乐此不疲。在我走向老年的时候，我因有博客的陪伴一点都不感到寂寞，这是最重要的。

不是在博客上，就是在路上，这也是我这些年的生活写照。做过一个梦，说新浪博客关闭了，再也打不开了，我的那些记录全都不见了，我急得哭醒了……写博客已经成了我生活中不可缺少的内容，已经成了生命的重要部分。虽然随着新媒体的全面兴起，现在新浪博客不像以前那么火了，但对我来说新浪博客就是我的家，我会一直写下去的，直到拿不起笔的那一天。

为新浪走过的20年诚挚的祝贺，衷心的祝福你走得更远更好，我们永远相伴。

二、张小盒和她的盒子联盟

张小盒原名张莹莹（见图5–4），小盒来源于她的账号“一个盒子”，后来她以盒子命名成立了黑龙江一个盒子网络科技有限公司。小盒，1984年出生，是个“小女生”。可是这个“小女生”的盒子里装的却是大梦想：为东北发声，传播东北文化，做个有温度的东北人。

初识张小盒是2020年年初疫情期间火的一个短片《东北人没赢过一次网络暴力，也没输过一次民族大义》。片子里的低沉的女声讲述着东北人在民族危难时的一次次挺身而出，他们的豪爽、勇敢、仗义，勇于牺牲奉献的精神，以及他们不善于表达，一次次默默承受着被不断放大的网络攻击和地域黑……短片鲜明的反差直击东北人的痛点和心里那份豪情与无奈。讲故事的人就是这个叫张小盒的张莹莹。在黑龙江网络名人座谈会的发言材料上，我看到了小盒子的事迹，是她的发言稿。

小盒子，2018年到黑龙江创业，成立了派点传媒。她要用镜头书写东北故事、黑土地精神。

图5–4　“高管”小盒子

在哈尔滨群力新区的一个写字楼，我走进了小盒子的工作室，一个loft，很雅致，能感到扑面而来的艺术气息，就连接待我的工作助手都透着互联网人那种干练

图5-5 工作中的张小盒

与高效。

为什么一个长春的女孩会到哈尔滨？小盒告诉我，也许是机缘巧合，也许是命中注定。吉林大学毕业后她自己到哈尔滨旅游，一下子就被这里的一切所吸引，中央大街，索菲亚教堂，巴洛克的“洋葱头”，拜占庭的建筑，还有冰灯、雪雕……21岁的张莹莹作了她人生第一个决定，就要在这里了。这也是她第一次打开心里的小盒子，装下了她的第一个梦想。

2005年，小盒入职一家刚刚开始创业的担保公司。一个创业者带着一群年轻人在一个新兴的行业中拼搏。小盒子如鱼得水，短短几年就当上了高管，并助力企业一举上市。总结那13年的工作经历，张莹莹说这样的企业养成了她严谨、高效的工作作风和务实的工作态度，使她成为一名优秀的管理者和市场开拓者。与小盒子聊天，感觉她敏锐而思路清晰，坚定而又视野开阔，谦虚而又聪明干练。也许是当过高管，在她这样不大的年龄中，却透露出一位女强人和一个互联网创业者的气场与气质。图5-5为工作中的张小盒。

以前带领着上百人的大团队，如今自己创业，最多的时候加上她和青川才只有10人。用张小盒的话说，现在我这个高管只能管自己，跑业务、谈项目、找合作、催款项，回到工作室还要策划写稿、录音剪辑，每件事每个环节都要参与，工作忙碌而又充实。小盒说，我这个高管就是高低全管。

梦想小盒子

2018年，张莹莹决定离职，自己创业。为什么要离开？当时作为高管的张莹莹，年薪已经接近7位数，离开熟悉的行业、熟悉的团队，很多人不理解。也许这就是我的性格吧，像大学毕业我就喜欢上了哈尔滨，这一次，我就想做我自己喜欢的事。张莹莹再次打开了她的小盒子，这次的梦想是当个创作者，要为东北发声，要写东北的精神，要让全中国人看到东北人身上的质朴与坚韧。青川，黑龙江大庆人，1983年出生，在影视圈子里小有名气。两个人一拍即合，成立传媒公司，拍东北文化，写东北精神。

一个从高管下沉到小公司做起了创业者，一个从一线城市下沉到哈尔滨做起了小导演。说干就干，她们租了房屋，招了助手，买了设备，小盒子的工作室开张了。

为什么选择黑龙江？除了情结，还要考虑市场和营收。张莹莹告诉我，其实在开办公司之前他们也做了市场调研，像她们这样的专注于互联网内容生产的公司黑龙江并没几家。筹备之初，好多朋友劝她不要在黑龙江开公司，说这里的市场不好，营商环境也相对落后，可就这些却更坚定了张莹莹的决心：市场不好，正好是空白，值得开发；而带着北上广的优势做东北市场，在这里竞争并不激烈；营商环境，她们相信一定会好起来的。张莹莹说，她当时就是凭着她“无知者”无畏的勇气，毅然投身到互联网创作这个她并不熟悉的领域，在黑龙江开始了她自媒体创业的生涯。

创业小盒子

这样的一个自媒体公司，在黑龙江是如何运作的？它的市场在哪里？它怎么生存？

进入互联网内容创作行业，张莹莹（见图5-6）起点还是很高的。一入行她接触到的就是“独角兽”、李子柒、“一条”“二更”“papi酱”等这些自媒体顶级的创作团队。“一条”经常为拍一个几分钟的片子而要花费几百万甚至上千万。“papi酱”如今

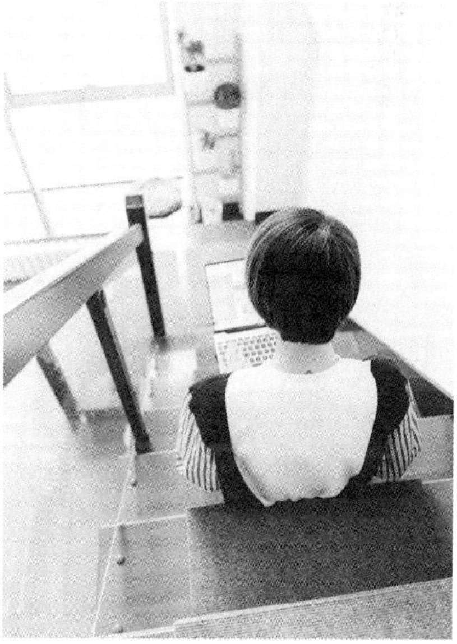

图5-6　张小盒

1分钟短片报价已经到了100万。专注于东北的小盒子又该如何定位？那就是“讲好，故事”，“讲，好故事”，讲老百姓自己的故事。张小盒一开始就决定定位于此。她有信心，在东北、在黑龙江、在黑土地有太多的故事可以挖掘。张小盒坚信，只要做好内容，一定会引得凤凰来。因此她的公司没有营销部门，她相信机会总会留给有准备的人。她和青川商量好，允许自己的公司三年不赚钱。创业的前两年，小盒子她们自己支出了200万元。而随着“东北人没赢过一次网络暴力，却没输过一次民族的大义”的爆火，小盒子告诉我2020年她们公司收支平衡了。可即便如此，公司的年收入总额还不及她和青川以前一年的收入。

坚持小盒子

传播东北文化，挖掘东北人的内涵，小盒子是执著而坚定的。做那篇爆火的短片，并不是她的心血来潮，而是她对东北文化的深深反思。她说有些东北人总愿意“自嘲”，这其实是一种文化自卑，与其别人骂我，不如自己骂自己。而在每次涉及东北的事件中，我们自己人骂得反而最多。分析原因也许是经济上的落后，带来了心理上的反差。小盒认为，东北不仅仅有“二人转”这种自嘲的形象符号，还应该树立起沈腾“开心麻花”所展现的文化内涵。沈腾就是黑龙江齐齐哈尔人，小盒评价他是东北的卓别林。她说，我们应该对自己东北的文化充满自信，我们东北人更要表达我们的睿智、宽厚、承担、幽默的内涵。我就要坚持下去，做我要做的。

面对不小的经济压力，小盒子也有过动摇。当时有一家投资公司要出资300万入股小盒的公司，但是只有一个条件，让他们离开东北。300万的投资会让小盒他们没有压力，但是坚守东北却是他们的初衷。投资方不解地问，不在东北不也可以照样做东北的事？可是，小盒子还是决定留在哈尔滨。

还有一次，青岛新建的一家影视基地主动找到了小盒子和青川，要免费提供办公场地让她们进驻，而且从出电影脚本，到审批、立项、组建、拍摄……每一个拍片项目都有相当可观的资金支持。当时青川导演和小盒子真的有点动心了，可他们还是选择留下来。小盒子不无感慨地说，为了让拍摄体验更真实，为了守护身后百年老街的背景与文化，为了我们坚信东北文化市场一定能打开的初衷……我们留下来了。我们也真希望东北能够学习借鉴一下先进省份的经验，给文化人、自媒体人更多的空间，期待更多的投资能出山海关。

内容小盒子

在东北做片子，就是要展示出不一样的东北文化，片子要有风格、有情怀，要有艺术的美感和人文精神。2020年一个叫丁真的小伙子火了，他背后的时差岛也随着走上前台。小盒他们并没想要打造一个黑龙江的“丁真”，毕竟这种网红是无法复制的。小盒说，做内容，踏踏实实地做最精彩的内容，展现不一样的东北文化，才是他们要坚守的。为此，他们付出了很多。2020年11月，为了展现黑龙江特有的冰雪旅游，他们用一个月的时间，顶着零下二十几摄氏度的严寒，从哈尔滨一路向北，转战齐齐哈尔、漠河、黑河等地拍摄，亲身体验了一把冻到“极致”的感受，用唯美的画面和细节的捕捉，展现出那种真真切切的体感寒冷与东北人热情的交织，冰天雪地与欢天喜地的融合。小盒子在微博上创建了“网友冰雪我在黑龙江等你”的话题，当晚就有100余万的阅读量。她发布的第一期《嗨翻冰雪大世界》的视频短片，当天话题阅读量就超千万。就像做那条宣传东北人的片子一样，小盒子和青川一直有种激情要为黑土地拍片子。青川告诉我，他们正在策划“北方有神农”。粮食是黑龙江对全国做的最大贡献。他们接触的北大荒人是那么的淳朴热情，“让人招架不住”。北大荒人的故事也一样精彩，带着黑土地孕育出的那种特有的洒脱豪迈。相信他们一定会讲好北方神农的故事，让更多的人了解祖国边陲广袤的大粮仓，万亩稻田描画金色的梦想，机械轰鸣唱出丰收的喜悦。

小盒子联盟

在黑龙江和他们一起做内容的人太少了。在采访中张莹莹告诉我，她一直要想建一个联盟，叫“盒子联盟”。她要把致力于深耕内容的朋友一起拉进盒子里，不是多频道网络（MCN）的机构，而是大家共同的平台。大家互相交流分享，分工合作，一起去做项目，一起去发现、挖掘东北文化精神。小盒子希望越来越多的人参与进来。

● 调研问答

左晓东：你的核心竞争力是什么？

小　盒：关于核心竞争力的问题，有两个方面吧。

一是线上变现的市场竞争力。其实在这个方面盒子还是处于比较弱势的阶段，与东北内容相结合的广告输出还有很长的路要走。现在市场上流量较大的还是以土味东北内容为主，大家熟悉这种腔调，也觉得比较搞笑。而盒子生产的内容还是更多的倾向情感输出，很多视频观点还没来得及表达，就已经滑走了。但我们相信好的内容会有未来，同时也在适应市场和广告主的需求作适当的调整。

二是本地线下市场变现。目前本省线下变现以政府项目为主，竞争优势比较明显。多数本地传媒都是脱胎于融媒体中心，内容生产方向还是偏传统、偏官方一些。盒子从一开始就是专注于互联网内容的生产和传播，更理解“软”内容的生产制作。技术上，盒子的导演是电影导演，无论是艺术还是技术上，都有极强的专业性做保障，具有明显的竞争优势。

左晓东：你怎么看待人才问题？

小　盒：关于人才问题，我个人体会比较深。不夸张地说，这应该是对黑龙江甚至整个东北地区发展的最严峻考验。我2005年来到哈尔滨，当时就职的岗位负责公司招聘。那时候选聘员工的要求是985或211高校应届本科以上，只招收金融、法律、会计专业。每次校招，能收到上千份简历投递，同岗位竞争经常出现近百人的盛况。到我2017年离职时，公司已经从当年的初创企业变成了新三板挂牌企业、国有控股的金融公司。但公司对于同岗位的招聘要求已经下降到大专以上学历，金融、法律、会计相关专业优先，让人不得不唏嘘长叹。与之相较，我们的盒子在人才需求上就不只是感慨，而是赤裸裸的生存危机。按照我真正需求的标准，根本招不到一个员工。我在高校任教的同学跟我说，他们的广告专业近七年本地就业率为零，实习生实习期满都一脸愧疚地说对不起，要毕业了，想去外面看看，甚至洒泪告别。我相信他们的情感与不舍是真心的，也理解他们的无奈。为此，我还专门做过一个小调查，结论大多是想留下来，但找不到有实力、有发展、有收入的企业就职，留在东北几乎就等于在公务员、国企之类的岗位中竞争，又普遍对这些岗位的竞争公平性存疑，所以只能选择离开。

连续一年多的新冠疫情让这种人才严重外流的情况雪上加霜。今年春节后，盒子的员工也相继离职，离开了哈尔滨，至今人员空缺也未能补足。我注意到，春节过后，我们的人才流失已经不仅仅是传统意义上的高级人才和大学生的流失，我身边计划离开和已经在办理相关事宜的有国企跳槽的、有公司业务南迁的、有个体经营换城市经营的。我注意到新闻中有提到一些本地出台的人才激励政策，简单问了一些相关人员，大都不知道，也没有落实。我有个校友是名记者，也做过一个线上匿名的调查问卷。其中有一道题我印象很深刻，他问参与者如果子女面临就业，愿不愿意让子女留在黑龙江。有96%的人表示不愿意，剩余的4%则明确了子女定向就业，如石油、电力、森工等企业。

● 链接

黑龙江一个盒子网络科技有限公司创始人张莹莹在2020年9月22日黑龙江网络名人座谈会上的发言

——小盒子自述

大家好，我是来自一个盒子的张莹莹，很荣幸能受邀参加今天的座谈会，并代表盒子团队与大家分享我们的故事。相信很多人都觉得，一个盒子是一个有点可爱的名字，那究竟什么是一个盒子呢？先分享一个短片。

【两分钟盒子短片】

作为一个讲故事的团队，“讲好，故事”是我们生存的根本，“讲，好故事”

也是我们坚持追求的目标。所以今天，我要与大家分享三个故事。

第一个故事：诞生于理想国的“一个盒子”。

盒子的诞生并不是一个突如其来的想法，很小的时候我就有用文字记录生活的习惯。从日记本到网上的博客（blog），过去20年互联网“从无到有”，承载信息的内容从图文到视频，在不停转变，网民从受众变成了创作者。正是这一轮从专业生产内容（PGC）向用户生产内容（UGC）的转变，让我看到了实现理想的通道。

2018年春节，在与老友的一次偶然聚会中，我和青川导演一拍即合，决定创立一家公司，创作咱东北人自己的故事。之后，派点传媒成立。尽管我们做了很多心理建设，创业这事还是比我们想的难太多了。关于互联网内容生产，我们都算外行。我们尝试过各种风格和展现形式，搞笑、情景剧、旅行栏目、脱口秀……摸索着过了两年。最难的时候，工作室只剩下我和青川两个人。也正是因为这两年的探索和坚持，我们越来越坚定了自己的想法，也切实在失败中摸索出了门道。

互联网的高速发展几乎在一夜之间颠覆了人们对文化传播的认知。以抖音、快手这类短视频平台为代表的内容快餐文化，更是侵占了每个人的碎片时间，15秒就能看一个笑话，30秒能讲一个知识，1分钟就能了解一个故事。内容的传播速度远远大过了消化能力，引发的后果就是更深的孤独、迷茫和价值感缺失。

账号@一个盒子诞生了。盒子生产的内容，也许不能用15秒就植入一个理念，但每一个视频能带给大家的都是内心深处最真实的温暖和鼓励。我们取得了一点小成绩，盒子拥有了第一批粉丝。尽管作为一个新媒体账号，不足百万的粉丝似乎不值一提，但结合内容看，我们非常欣慰有了这点小成绩，也更坚定了要创作正能量的内容，创作符合主流价值观的内容。互联网的影响力越大，环境越开放，作为创作者的责任就越大。我们提出要“讲好，故事；讲，好故事”。

第二个故事：“东北人没赢过一次网络暴力，也没有输过一次民族大义。”

这句话是一部短片的名字。我很荣幸，它是一个耳熟能详的故事。它发生在2020年的春天，一场疫情把大家暂时隔离在家里，注意力集中到了网上。我记得那天是2月8日，网上的一则新闻引起了我的注意。一男子拒绝戴口罩并威胁谩骂社区劝阻他的人，并自称是市公安局的张松。该视频在网络上迅速地传播发酵，引发了非常大的社会反响。留言中还有一些非常激动的评论，我看到有人说“东北人就那样，穷横穷横的”，有人说“东北这地方就是干啥啥不行，打架第一名”。说心里话，作为一个土生土长的东北人，看到这些心里真的特别难过。我们明明做了很多工作，无论是派遣医护人员还是相关物资支援都没落下过一步，怎么一下子就陷入了这么一场声势浩大的网络暴力中呢？

虽然盒子的影响力并不大，但我们就是想为家乡发个声，让大家知道真相。短片里面提到的那些工作，都是切切实实发生在我们身边的事。短片完成后，我们通过盒子的账号在新浪微博和今日头条等平台发布，上线第一天就获得了十几万的播放量。后来，省委网信办的领导看到了这部短片，通过全省网络账号矩阵转发，让这部短片彻底火了。

在后台，我收到了几十万条留言，无数人留言说“谢谢你说出了东北人的心声”。还有来自祖国各地的网友，自报家门，声援东北。他们说：“东北老铁，关键时刻就是给力。”在这些留言中，有一名护士说：“我是一名辽宁的一线护士，看完你的短片有劲了。”

这些火一样的留言，让我知道，张小盒不再是网上那个怯怯发声的姑娘，我们正在做着一件对于青春来说又燃、又酷的事儿。我们的背后站着的是3800万热血龙江人，是一亿热血东北人。讲好东北故事，为温暖东北发声，是我们每个东北创作人引以为傲的使命。我也曾怀疑过，一个小小的账号能改变什么。东北人片子之后，我更加坚定要相信微小的力量。

第三个故事：聚沙成塔，让世界看见我们热爱的样子。

严格地说，这第三个故事，还不能称之为故事。因为它正在发生着，发展着……我期待未来它也将像东北人一样，变成一个耳熟能详的故事。

今年的“520”（5月20日），我们把“@一个盒子OBO”的账号变成了“黑龙江一个盒子网络科技有限公司”。我们的小盒子长大了，从低潮期的2个人，变成了10个人的团队，包含三名签约导演。

个体的力量是微小的，但集体的力量是强大的。我们在省委网信办的指导下，策划创作公益内容，通过自媒体账号表达正确的价值观，传递正能量；我们成立了盒子联盟，团结了一批与我们一样有情怀的互联网创作人；我们积极与高校开展校企合作，通过公益论坛走进校园，与大学生面对面，把创作的热情、技能、想法与同学们交流，提供手把手的实战实习岗位，让讲好东北故事的想法在源头开始慢慢实现；我们实现了公益广告为主的业务发展方向，让好故事为龙江品牌赋能，为东北经济助力。

今天的新媒体从业者都是时代的宠儿，我们从来没有遇到过如此的机遇，更重要的是我们应该担当从来没有遇到过的巨大责任。我们每天都在说，互联网的下个发展阶段是内容为王的阶段。到底什么是内容为王呢？能赢得未来的，一定不是一分钟我们能生产多少内容，而是在同样的一分钟里我们能生产多少不同的内容。

我们的家乡——黑土地长满了故事，我们想要把这些好故事讲给更多的人听，我们想让家乡的美景被更多的人看。我们想与更多与我们一样热爱创作的人一起前行，传承文化，赢得尊重。让每一个人为家乡骄傲，为龙江骄傲。

再次感谢在座的各位领导、各位同仁。讲好，故事；讲，好故事。我是来自一个盒子的张小盒，谢谢大家！

三、白寒：90后的“全媒体”创业人

有一个城市叫牡丹江，那城市有我多少念想……网红歌曲《牡丹江的事儿》于清丽隽永中写满远方游子的莼鲈之思。歌曲的作者就是白寒（见图5-7），牡丹江文创企业——黑龙江南艺之星传媒演艺有限公司总经理。从深圳央企辞职回家乡创业已经两年了，他认为自己就是一个家乡发展需要的“技工”。

挥别深圳回家乡，他说我骨子里还是那个东北人

时间回溯到2018年，在央企深圳华侨城国际传媒演艺有限公司任职策划的白寒办完离职手续，搭乘最早一班飞机回到了离开了9年的家乡——牡丹江，那年他27岁。

图5-7　白寒自拍照

“当时的单位是国内首屈一指的旅游演艺集团，有更多的学习机会，也能获得更精彩的经历，其实得到这份工作也挺不容易”。毕业后，白寒先后在南京、深圳等地工作，生活和事业都正处在上升期，此时选择回乡创业，周围的人都很不理解。

其实，外面精彩也曾同样吸引着小城青年白寒。大学毕业后，他也如愿地留在了大城市，和许多人一样，在奔波忙碌之余，也曾闪过学成回乡的念头。此时的白寒，并不知道牡丹江已将新

文创产业列为市级重点工作，成立了发展新文创产业工作小组，筹建了新文创产业指导服务中心，出台了产业扶持政策。

2017年深圳文博会期间，白寒因工作原因熟识了前来参展、参会的家乡人。2018年，牡丹江市与广东省的多个城市对口合作，市委宣传部领导特意向他介绍了家乡建设新文创产业的相关情况和优惠政策。学成回乡的热情又一次燃起，但面对现实，他还是有些犹豫……

一天，白寒和几个南方朋友吃饭，桌上有一大盘蘸酱菜，除了他别人都没动过。突然，他意识到，不管是在外地生活多少年，自己骨子里就是一个东北人。“正巧家乡有这么好的政策，也需要我这样的‘技术工人’，我就这么回来了。”白寒说。

离开深圳后，2019年白寒与朋友在牡丹江成立了黑龙江南艺之星传媒演艺有限公司。作为市级招商引资企业，这个公司是一家从事全媒体服务、艺术创意、传播管理与危机管理业务的综合类传媒企业。他们依托一、二线城市先进技术与平台，将最新的传播理念与传播技术带入牡丹江。

我们是应急小分队

哪有困难就有南艺之星，我们是编外的应急记者。2020年9月，牡丹江市及下辖部分村镇受台风灾害，黑龙江南艺之星传媒演艺有限公司受牡丹江市消防救援支队委托，负责救援现场采编及央视台风救援新闻栏目素材制作报送工作。

公司临危受命，白寒紧急组织12名采编人员，调配采编车辆4辆，无人机2架，在涉水公路快速机动。13分钟内到达沙虎村救援现场，15分钟内到达中兴村救援现场，10分钟内到达江堤等市区2处救援现场。采编人员快速开展新闻稿件撰写、图片素材采集、视频素材采集及编辑、现场救援记录、现场事故调查、灾害舆情监控等宣传工作，并于每日18时前将编辑完成的视频栏目传输至央视，用于19时各新闻栏目转播。经过7昼夜连续奋战，白寒团队在1人负伤、1车损坏的情况下，按时保质地完成了应急采编任务，获得总队及支队高度赞许。

疫情突发，他是写下遗书的抗疫战士

2020年春节期间，受新冠肺炎疫情影响，牡丹江市进入疫情防控阶段。在此阶段中，市民由于无法户外活动及恢复生产生活，产生了较大的负面情绪。且由于疫情防控原因，牡丹江市官方媒体工作人员无法全员复工。2020年1月27日（农历正月初三），白寒主动与牡丹江市新闻传媒中心沟通，黑龙江南艺之星传媒演艺有限公司采编人员4人请战，取消休假，当日返岗。并与《牡丹江晨报》共同成立“牡丹江市新闻传媒中心采编工作中心”，团队中的所有技术人员临时编入传媒集团的应急工作序列，不取任何报酬，进行疫情防控期间的采编任务，并出动采编车辆2部，进入各防控网点、定点隔离医院，冒着被感染风险，采用快速后期保障机制，圆满完成采编任务。他们用镜头记录下空无一人的街道，次日凌晨2点的社区执勤点和所有抗击疫情的战场，而配合这些镜头的每一条文案，都是由白寒精心撰写。

疫情最严峻时，白寒和他的团队需要到有确诊病例的社区和定点医院拍摄。“说实在的很害怕，当时我妻子怀孕5个月，有段时间我只能住在公司，”他说，第一次到有确诊病例的社区拍摄时，他们是都留下了遗书……“以前总说，在家的时间太少，这次有时间了，多陪陪家人吧”。

“交通管制单双号限行。不过别担心，等疫情结束了，单和双，一定又会相遇”。

“以前总抱怨，平安街从早堵到晚。现在不堵了，却感觉路比以前更长了。疫情结束以后，不管认不认识，我们在路上都打个招呼吧。因为，我们都需要问候”。

疫情期间，白寒带领南艺之星与《牡丹江晨报》联手推出了抗疫短视频栏目《雪城朋友圈》。他们出品的贴心又鼓劲的抗疫短视频刷爆了牡丹江人的朋友圈，温暖了众多宅家抗疫人。由南艺之星采编人员制作的牡丹江市抗击新冠疫情宣传片《小城大爱》发布于人民日报客户端。

时至今日，黑龙江南艺之星传媒演艺有限公司，已经成为牡丹江市应急宣传体系的重要组成部分。疫情后，这群扛着摄像机的战士们养成了一个习惯，每天下班回家后，都要在工作群里道一声平安。

面对发展，他要做挑回希望的“挑夫”

在经营公司的同时，白寒辗转多地，利用人脉资源，将一、二线城市的各类优势项目引入牡丹江，极力促成一、二线的上市公司、大型企业与牡丹江本地企业合作。

2020年11月初，由白寒协调，将网络安全与保密人员培训、从业资格认证项目引入牡丹江。该项目由腾讯科技发起，北京天融信科技有限公司执行，与牡丹江航空学院合作完成，将设立该行业在东三省唯一的培训、资格认证机构，也为家乡开拓了多条人员就业途径。

白寒和他的团队积极建立全媒体行业的业务与策划平台，与本地两家传媒行业企业与工作室进行业务、技术的共享，并建立了全媒体行业人才的共同培养机制。而且他们还与牡丹江师范学院建立了校企合作机制，从企业的角度对高校学生的创业、就业实践进行指导。他就像一个挑夫，从一、二线城市挑回新的信息、理念和项目，在家乡的土地上追求着梦想……

做网络的守护者

2021年，白寒的南艺之星与牡丹江市西安区、阳明区两区委宣传部合作建立“全媒体集成服务中心”，与牡丹江市新闻传媒中心合作建立“牡丹江市新闻传媒应急采编中心”，不仅参与运营牡丹江市消防救援支队全媒体工作和自媒体运营，还开始涉及传播管理、危机公关和信息安全。

从自媒体运营者，到协助政府部门进行舆情及网络信息安全监测，白寒有他的理解，以下是白寒访谈实录：

正确看待传播与营销的关系。当部分自媒体从业者享受到由自媒体内容传播带来的营销红利时，便会将“无意识营销”变为“有意识营销”。无论是纸媒、广播、电视，还是网络、手机新媒体，其本质终究是传播信息的介质。传播符合受众感性认识的内容，便是自媒体账号、品牌得以生存的先决条件。传播的性质一旦被彻底改变，便无法适应原有受众的感性认识。为营销而营销，忽略了传播的作用，必然会导致先前辛苦构建的内容与风格瞬间崩塌。大量的营销号接连翻车，就是忽略了传播作用的结果。

享受美好是人的本能，而享受感官的刺激则是人偶尔的需求。部分以传播恶俗为主要内容的自媒体账号，通过适应人感官的刺激而迅速蹿红。相信我，没有人能够天天活在刺激里而不疲劳。刀光剑影、开豪车、蹦野迪终有玩累的一天，而草地与森林则永远能让人心旷神怡。

自媒体从业者拼到最后拼的是知识。自媒体行业由于其内容制作简便，传播速度较快，兼具社交功能，吸引了各行各业的从业者广泛参与，并发展成为职业自媒体运营者。但不论你是传播哪一类内容的自媒体人，丰富的知识积累总是没错的。曾经有一位主做美食探店的美女网红，从刚刚从业时的档期爆满到后来被各家饭店纷纷逐出，其原因便是对美食的制作工艺毫不了解，精心制作的甜点被这位网红“成功包装”成了“油炸面块子”。知识储备到底重不重要，您自己感悟。

部分自媒体账号的传播内容，则是以暴力、拜金、道德失范为卖点，不知道这些账号的自媒体运营者的子女捧着手机看到这样的父母会是什么感觉。作为一个前自媒体运营者、现在的信息安全从业者，我只想说，你随意拍摄的一张照片，其中的信息通过技术手段，可精准定位到照片拍摄的坐标位置乃至楼层。自由是在一定规则下的有所放松，绝不是肆无忌惮。

●白寒简介

白寒，1991年生于黑龙江牡丹江市林口县。2015年毕业于南京艺术学院音乐学院作曲与作曲技术理论专业，曾任江苏门马影视有限公司音效师、上海国韵集团股份有限公司集团事业部策划总监。曾在深圳华侨城国际传媒演艺有限公司（央企）任策划、演艺编导职务。师从林树森导演，完成多个国家级大型演艺项目、文旅开发项目的策划及现场执行任务，以高级技术人才身份入户深圳。2018年经牡丹江市委宣传部招商引资回牡丹江创业。2019年4月创立黑龙江南艺之星传媒演艺有限公司，任总经理。2021年2月取得北京天融信教育科技有限公司研究员资格，任天融信信息安全与网络安全培训、认证中心（东北区）常务副总经理及情报分析与信息安全方向研究员，从事该领域教学。

四、向上，去看不一样的风景[①]

——黑龙江牡丹江市新文创产业领军人物速写之朴一星篇

图5-8　朴一星（朴一星提供）

朴一星，网名朴大强（见图5-8）。一个地地道道的牡丹江青年。从小就热爱电影的他，步入社会后从事过各种行业，直至而立之年，依然过着现实很近、梦想挺远的日子。互联网短视频的火爆为众多追梦人打开了一扇希望之门。他迈进去后，仅一多年的时间，就成立了公司拥有了自己的团队，在家乡的热土上实现着儿时的梦想。

从2018年拍出人生第一条短视频到2019年创办春合晟辉文化传媒公司，朴一星自己也没想到他的创业之路会走得这么快。现在，他的公司由最初的6人发展到线下100余人，年收益200万余元，他们团队拍摄的短视频内容输出至全网各大平台，总播放量达数十亿次。

在热爱中找到梦想的打开方式

2018年，是互联网短视频迅速爆火的一年。在朋友的介绍下，朴一星对拍摄短视频有了初步的认知，他个人的第一条短视频也在此时诞生，同期获得了2000多位

① 本文由牡丹江市委宣传部提供。

粉丝关注。这让刚刚接触短视频的朴一星看到了曙光。紧接着，他获得了人生中的第一条商业广告。

那个产品是床上4件套，朴一星花了两天时间详细查看产品卖点，熬夜打磨剧本和镜头画面。当3000元的广告费用转入朴一星的账号时，他更加坚定了拍摄短视频的想法。

随后的一年时间，朴一星的账号上先后上传了30多部短视频内容，粉丝涨到10万多人。

正当朴一星沉浸在成功的喜悦中时，他的账号却突然被停封，经人指点他才知道原来是自己违反了平台的相关规则。这个教训令他对剧本、拍摄、剪辑等所有环节的要求更加严格，令人欣喜的是新账号的粉丝量开始稳步上升。

在坚持中找寻创业的最佳支撑点

2019年秋，朴一星与几位志同道合的朋友，成立了牡丹江春合晟辉文化传媒有限公司，正式开启了创业者的“筑梦之旅”（见图5–9）。

图5–9 朴一星的团队（朴一星提供）

创业初始，朴一星一时没有找到适合的地方。恰好我市大力扶持文创企业的优惠政策，解决了他们的创业苦恼。一个月后，朴一星优质的创业项目成功入驻牡丹江互联网产业中心。那时，他几乎每天都会驱车在城市的各个角落，一逛就是几个小时——他想把牡丹江最具特色的景致通过短视频呈现出来。

庚子新春，新冠肺炎疫情不期而至，朴一星的公司也遭遇了困难。那段日子里，他的拍摄团队由30人剧减至5人。哪知屋漏偏逢连夜雨，公司的直播板块也出现了问题。挺住就意味着一切，他和团队成员商量对策，规范化签约文娱主播的同时，及时转换直播方式，由最初的单播转为团播，成功实现逆转，并用直播“回血”来抵扣短视频板块的亏损。在团队不懈努力下，第一女团成立，直至今日长期位居全网排名前三，公司也开始逐渐盈利走向正轨。

现在，朴一星和他的春合晟辉已经成为牡丹江本土短视频、直播行业的领军团队，同时也位居全国直播行业第一梯队。他们还收到财经频道怪兽帮栏目组邀请，前往上海等地与各大品牌商家见面交流合作。

在攀登中追逐更高更远的梦想

从一名视频拍摄的爱好者到如今的互联网创业达人，朴一星在实现个人价值的同时，也在竭尽所能地为更多的互联网从业者提供就业机会。2019年至今，团队线下发展员工100余人，这对朴一星来说肩上的担子更重了。为了能够将春合晟辉打造成一个新时代互联网人才的文化阵地，他开始认真思考短视频艺人的深耕孵化。

按照朴一星的计划，影视项目将会在年初启动。之所以打造这样的众创基地，他还有一个更深层的目的，那就是招募到更多志同道合的朋友们，借助手中的镜头为即将到来的全省旅发大会贡献一份力量，在更高的平台把牡丹江的美好的景色展现人于更多的人。

一路走来，殊为不易，用朴一星的话来说就是“创业其实就是攀登的过程，只有锁定目标，顶住压力，勇往直前，最终将会看到不一样的风景”。

● 调研问答

左晓东：你的核心竞争力是什么？

朴一星：我公司的核心竞争力，我觉得在于我们的孵化能力上，对于想要做视频的达人，会根据达人自身的闪光点做内容的深耕。想做直播的，我们也会通过运营手段帮助主播达到快速变现的目的。

左晓东：对未来发展有什么打算？

朴一星：未来打算逐步向电商发展。

左晓东：你怎么看待自媒体人才问题？

朴一星：关于人才方面，我个人觉得首先是从业人员少，有人了也留不长，员工与公司的黏性较差；还有就是牡丹江传媒行业的恶劣竞争环境，使得人才更是没有一心一意做好事情的态度。从编、导、演、剪以及运营，稍微懂一点点相关知识，马上就想单干。总之，我个人是对牡丹江这方面所谓的人才比较无语。

五、神州北极走出的自媒体人[①]

位于大兴安岭深处的漠河市阿木尔镇，对于很多人来说，是一个遥远而又陌生的地名。

黑龙江的漠河位于中国的最北部，号称中国的北极，部分时日还能体验极昼、极夜，偏远而寒冷。阿木尔镇是隶属于漠河市的小镇之一，用“人迹罕至”来形容这个距离中俄边境仅100多公里的边陲小镇，再合适不过。每天仅有两趟火车路过，从省会哈尔滨出发，要17个小时才能到达；冬天徘徊在零下40摄氏度左右的极地气温（雪乡冬天约为零下15～20摄氏度），更是让众多游客望而生畏；冬天晚上七点以后的主干路上，几乎空无一人。

可就是这样一个小镇，有十分之一的人口从事着网红主播、微商的职业，把大兴安岭地区的特产桦树茸、不老草、山蘑菇、山木耳、蓝莓等销售到全国各地，甚至有人做到了一年带货销售额百万。曾经仅有中国邮政覆盖到的阿木尔，如今汇集着顺丰、中通、申通、圆通、韵达等九家快递公司，每天的收发货邮件往来不息……腾讯科技亲赴大兴安岭腹地，解码这个东北小镇的网红生意经。

2014年：小镇转型网红的分水岭

阿木尔镇境内森林覆盖率为90%，常住人口约有5000多人，其中一半以上是大

---

① 原标题：东北一小镇1/10居民做网红，国企员工当主播一年带货百万，作者孙实。

兴安岭林业集团公司下属阿木尔林业局的职工，因此可以说当地大多数居民是靠“森林”吃饭。

官方资料显示，2014年之前阿木尔林业局的主营收入就是商业性采伐。以2013年为例，产品销售收入为5979万元，利润2179万元，职工人均月工资达到2234元。

但到了2014年，形势陡然发生了变化。当年1月8日，国家林业局发布《关于切实做好全面停止商业性采伐试点工作的通知》，要求从2014年4月1日起龙江森工、大兴安岭林业集团公司要全面停止木材商业性采伐，其中阿木尔林业局也不可避免地受到了影响。

商业性采伐全面停止以后，阿木尔林业局没有了主营收入来源，企业自身收入锐减，只能向中幼龄林抚育、特色种养殖、林下经济和旅游经济等产业转型，但是产业项目数量少、规模小，对经济增长的拉动作用短期内难以显现。因此，阿木尔林业局只能靠国家实施的天保工程补贴，维持企业正常运转和职工的基本生活。

阿木尔林业局党委书记胡守庆对腾讯科技介绍，当时摆在阿木尔林业局面前的路不多，主要就是天保资金。这笔钱只能维持职工的基本生活，实现停止商业性采伐之后的平稳过渡。

“我们林业局分为计时工人和计件工人两种。停伐之后，计时工主要从事森林防火、保护野生动物等工作，工资来自天保资金，好歹还算是有保障。但是计件工是以木材生产收入为主，停伐之后彻底就被断了收入来源，这部分人受到的冲击最大。因此转型是摆在这部分人，以及我们林业局主要领导干部面前最迫切的事情。”胡守庆说道。

发现大成子、刘老四：网红小镇由此开始

就在阿木尔林业局和职工还在思考如何转型的时候，短视频、直播大潮已经从一线城市渐渐涌向偏僻的东北小镇，而大成子（真名潘玉成）、刘老四（真名刘景海）成为阿木尔第一波吃螃蟹的人。

2016年，借了20多万开了烧烤店的大成子，迷上了短视频和直播平台（见图

5-10），平常没事的时候就刷手机，打发时间。刷的时间长了，大成子渐渐也有了自己拍视频、自己直播的想法。

最初大成子主要拍摄、直播的内容就是河里捕鱼、上山采蘑菇等内容，都是自己的日常生活。但是这样的画面，对于生活在大兴安岭以外的人来说，却充满了新鲜感。

此外，大成子当时也赶上了短视频和直播的风口，流量红利巨大，因此粉丝增长很快，一年时间粉丝数量就达到了20多万人。数十万的粉丝规模，已经让大成子具备了初步商业的能力。当时快手等平台尚未开通购物车功能，但是已经有粉丝通过私信功能，给大成子留言，希望购买桦树茸、山蘑菇、木耳等大兴安岭的特产。

看到这样的留言，大成子意识到这或许是发财的机遇，于是就通过上山自采、从当地居民手中收购等方式囤货，然后寄给有购买需求的粉丝。“一天能赚200多元，一个月的话大概是五六千元，已经比开烧烤店赚得多了。”大成子对腾讯科技表示。

图5-10　大成子抖音直播（抖音截图）

尝到了红利之后，大成子也逐渐把事业重心逐步转向短视频和直播，并且瞒着父母把烧烤店出让给别人，而当时开烧烤店借的20多万，只还了一半。“后来这事还是被我爸发现，尤其看到我天天拿着手机在街上、河边转悠来、转悠去，气得他差点要动手揍我。”时隔多年，大成子笑着回忆。

与此同时，还在为解决职工收入问题而发愁的阿木尔林业局，也发现了大成子这样一位网红。据胡守庆回忆，当时大成子的粉丝大约有20万，但由于大成子辍学较早的原因，在和网友互动的时候，有些东西表达不清楚，比如有网友问北京到大兴安岭的距离，大成子都不知道。

胡守庆提到："后来他直播的时候，我有时候就在后面跟着看，及时提醒一些他不知道的知识点，和网友的沟通交流也更顺畅，全面提升大成子的直播水准，帮他提高粉丝数量。"

除了在直播的时候提供一些帮助，阿木尔林业局还在宣传等方面为大成子提供支持。比如把大成子推荐给主流媒体报道。大成子登上了湖南卫视《天天向上》的舞台，粉丝量逐步提升，最终达到了如今的百万级销售额。

另一个阿木尔镇的网红刘老四，是当地林场的一名职工，负责砍伐一类的工作。但在2014年之后，刘老四收入降低，也开过小饭店，但是都不怎么挣钱。

跟大成子一样，在2017年前后，刘老四开始接触短视频和直播，顶着来自家人指责的压力，从喜欢看发展到自己亲自去试水。但不同的是，刘老四错过了直播和短视频最初的风口，导致他第一年直播的效果并不好，仅仅涨了3万多粉丝，差点想要放弃。

"当时我们林业局已经开始重视互联网这一块儿了，他们帮着我在林场搭建了一个蒙古包，还有其他拍视频的一些素材，我在深山老林里待了一夏天，拍拍大兴安岭的山山水水。正是因为这些有特色的东西，我的粉丝一下子突破到小20万。从那儿之后直播人气上来了，有人开始给我刷礼物、打赏。"刘老四说道。

刘老四最初的收入主要是通过打赏，刚开始一个月三四千元，等到再过一年，一个月就已经能挣到一二万，已经远远超过林业局每个月2000元左右的工资。

当然，机会是留给有准备、肯吃苦的人。尽管大成子、刘老四这样的阿木尔"顶流"，已经做到了年入百万，但是早期为了能够吸引粉丝，两人都有过冒着零下几十摄氏度严寒下河的经历。

大成子回忆说："当时我妈看到我那个视频，心疼得都哭了，我也担心等老了会落下病。但是没办法，我没啥才艺，唱歌不行，跳舞不行，只能豁出去，用身体去拼，给自己拉点粉丝。不过现在好点了，我现在的直播主要是做铁锅炖，来向外界展示我们东北的文化、特产。"

“现在一年通过直播带货的销售额，能有100万，最终到手赚到的，也能有二三十万，可以说是我们这边、我这个年龄段里，最能赚钱的一拨人吧。”大成子说道。

刘老四也对腾讯科技表示，自己一年通过打赏和直播带货的总收入，也差不多是百万级。“不能说是我们镇的首富，有点太高调了，但小日子过得也都不错。”

在扶持网红方面，阿木尔林业局重点是在政策和资源方面提供支持。政策方面，鼓励员工在不耽误本职工作的前提下，允许开展直播等副业；资源方面，比如提供车辆，创办直播网红中心，帮助职工解决直播方面的基础设施问题。此外，在转型早期，阿木尔林业局甚至还会给主播一些资金方面的资助，金额在数百到1000元不等。

“通过帮扶大成子、刘老四，让他们在网上赚钱。周围的人看到了，大家都会觉得大成子、刘老四挺能耐，烧烤店、饭店都不干了，去搞直播，去那里面卖东西，这样就会带动这些人也都跟着学。然后我们也给这些想学的人提供帮助，比如帮他们联系车、搭建直播间、打造网红创新中心，这就是我们为职工想到的发家致富之路。虽然这里面林业局没有获得太多的收入，但是我们通过帮扶政策，让职工富起来，这也是我们这些领导的绩效指标。”胡守庆总结道。

网红的批量复制

大成子、刘老四通过直播，带动了一大批林业局职工和小镇居民纷纷“下海”，转型主播，王福帅和小满哥（真名满坤霄）就是其中最典型的代表。

王福帅是林业局的职工，负责森林防火工作。在停伐之后，心思活络的王福帅，买来一些机器，想通过做手串、雕刻，卖出去补贴家用。

但怎么把这些东西卖出去？由于爱唱歌，王福帅平常经常玩全民K歌，也会在上面发布一些自己做小玩意的动态，“就有人给我留言，建议我通过小视频、直播一类的平台，把这些东西卖出去，所以到后面我也开始在快手、抖音上面卖这些东西。”王福帅对腾讯科技表示。

通过讲段子、拍做饭视频，王福帅渐渐积累了一些粉丝。到了后来，他又把经营范围逐渐扩大到大兴安岭的特产，比如桦树茸、木耳等。“最火的时候，两个月卖出5000多单，每单能赚二三元钱，这么算下来我每个月能赚好几千，要知道我的基本工资也才1000元左右。”王福帅说。

不过王福帅也提到了这段时间遇到的困境：“这几个月生意不行，连1000都没赚上。分析了一下原因，感觉是因为最近我在卖水葡萄、旱葡萄、高粱果这些特产，太垂直了，官方不给上热门，导致流量不行，所以近期也在不断跟官方沟通怎么调整。”

小满哥是2020年5月刚刚入行的新主播。“疫情结束以后，我感觉可以出来活动了，就去钓钓鱼，然后总能发现一些挺好的景色，没啥事发个快手、抖音，感觉效果还不错，就坚持那么做了。”

小满哥也承认，自己在才艺展示、综艺秀、讲段子方面，没有太多的天赋，所以自己的直播就是跟大家分享一下户外的美景、户外的冰雪，利用大兴安岭的优势，搭建雪屋、冰屋。如果有粉丝来旅游了，便邀请他们来雪屋参观游玩。

由于做主播的时间不长，小满哥现在的粉丝数量只有1.4万，因此暂时还没有什么收入。小满哥说：“会有一些人私下跟我聊，让我帮着寄一些山货，但不是很多，基本上可以把户外的一些费用赚回来。”

但小满哥强调，自己会在主播这条路上坚持下去：“直播以后就应该是一个趋势，哪怕是赚不到钱，也应该记录一下自己的生活。万一以后还能从这当中赚到钱，何乐而不为呢？”

不止网红，微商也席卷了小镇

据胡守庆介绍，目前全镇在互联网上“忙活”的人有600人左右，占小镇居民的十分之一。其中有200多人是主播网红，另外400人做的则是微商生意，其中孙秀丽是阿木尔微商的代表人物。

来自山东的孙秀丽，在十多年前嫁到了阿木尔，早期是在当地一家私企工作。

后来由于多种原因，企业关门，孙秀丽的收入来源也就断了。可以说，孙秀丽转型微商是被逼出来的。

谈起做微商，孙秀丽表示这是一件很偶然的事情：“2015年那阵，看到朋友圈里有人发这些东西，所以我也跟风发了一下，但是那个时候商业性没有这么明显，就是尝试一下。”

据孙秀丽回忆，当时在2015年6月，那时大兴安岭收山，跟着家里人上山，拍了一些原始森林、野生蓝莓一类的图片，就发了朋友圈。发完之后，发现有好多亲戚朋友来咨询。“我一看大家挺感兴趣的，然后自己就尝试着多发了一些。”

孙秀丽刚刚做微商的时候，还遭到了公公和婆婆的反对。“他们觉得我不上班，天天玩手机，就有点生气。后来做大之后，自己从小平房搬到了楼房，下一步打算买辆车，算是一步一步实现自己的人生梦想吧。”

目前，孙秀丽的经营方式是利用社交媒体来发展线下代理。“我一个人的微信最多也就5000人，认识的人有限，所以我现在在全国范围内招了一些代理商，让这些脱不开身，又走不出家门，或者是离不开工作岗位、但是又想做一份副业的人，增加一部分收入。”

据孙秀丽介绍，她过去一年的销售额达到了100多万。“她这么一个微商的销售额，可能比我们林业局一年的收入都多了。”一位林业局的职工笑着说。

按照孙秀丽的规划，自己未来打算重点做两件事情，其一就是也试水短视频和直播，因为直播间的购买力也是不能忽略的；另外就是打造属于自己的品牌，成立一家公司，把大兴安岭的特产包装成网红产品。

网红、微商给阿木尔小镇带来的财富效应，正在持续扩散。

任冬明、刘桂霞夫妇都是林场职工。在林场停伐之后，他们夫妇俩一个负责清雪，一个负责防火，工作以外的空余时间比较多，于是就想干点其他能够创收的副业。“因为我们两个年纪都大了，做网红和微商实在是力不从心，所以选择了代理申通这个快递站点。”刘桂霞表示。由于阿木尔镇的快递员有限，所以在当地基本没有快递员上门送货、取货的习惯，收发货都靠当事人自己到站点办理。刘桂霞说：“我们两个早上比较忙，早上我们到店之后，把货都得理出来通知客户，人家有时间就来取。但赚钱的业务还是发货单子，每个单子赚几毛钱。”“说实话，单靠大家在淘宝、京东、拼多多上买东西，我们这儿只负责收货，是不赚钱的，这个店也撑不起来。主要还是靠这些网红、微商，他们在网上做生意，然后来我这儿发货，我们才能赚钱。所以，如果没有这些网红、微商，我也不太会考虑代理这个站点。”刘桂霞感慨道。

跑腿、闪送一类的业务，在北京、上海、深圳这样的大城市，已经屡见不鲜，大多数是用来寄送文件、贵重物品，或者代买餐食，但对于阿木尔这样的小镇，这样的业务显然没有太多的生存空间。

与东北很多城市一样，阿木尔镇的年轻人也正在逐步向外迁移，但是又有很多类似身份证续签的业务需要回乡办理，这让很多人感到不便。正是面对这样的需求，“刘帮办”团队应运而生。

“刘帮办”团队联合创始人董志梅，同样也是林业局职工。失去了稳定收入来源之后，董志梅最初选择和孙秀丽一起做微商，在朋友圈、微信群卖点木耳、蘑菇，每个月能做十几单的生意，因此也认识了不少家乡的人。

随着接触人群的逐步扩大，有些本地人就提到了上述情况，因为时间有限，有些事情不太方便回乡办理，就请董志梅帮着跑腿代办。董志梅至今还记得自己的第一次代办业务：“第一单就是30块钱，还是我和合伙人一起做的。她家开复印社，她负责复印那些证件，我去跑腿办理，两人各分15块钱。”随着代办业务的逐步增多，董志梅建起了五个微信群。只要有人在群里发需求，自己就接下来，最远的业务能延伸至100多公里以外的漠河县城。“当然，这类业务的收费就得高一些，不过也就200～300块钱，至少得让我们把车费赚回来。”董志梅表示。

写在最后

20世纪90年代中期，下岗潮曾席卷东北，国企下岗职工的生活窘境还曾成为许多影视剧的题材。20多年过去，不同的是，这是一个移动互联的时代，手机、电脑都可以成为勤劳致富的工具。生活关上了一扇门也会打开一扇窗，对于那些顽强、乐观的人来说，总能找到生存的机会。

据介绍，阿木尔600多位网红、微商每年的销售额达1500万元左右，相当于停伐之前，阿木尔林业局年收入的四分之一。或许阿木尔——这个东北小镇的网红生意经，可以为更多地处偏远的小镇以及更多在国有企业转型中迷茫的员工提供借鉴。

六、印象大花

大花本名孟凡华，1986年出生在牡丹江，自媒体人。“大花”在哈尔滨的新媒体圈小有名气：上学期间就开始创业，为不少企业建互联网系统；在学校没毕业就成为学生的辅导老师；在黑龙江建了第一个用短信为司机查巡交通违法的系统；为媒体的微信公众平台提供服务，协助交通台的公众号冲进全国微信500强；成立了众创空间，带动了一批新媒体就业者……

初识凡华，是我在哈尔滨交通广播电台当频率总监期间，他为与我们有合作的中联汽车俱乐部开发建立了一个交通违法提醒的平台，为10万会员车友服务。当时台里也有类似的节目，我们是在直播中通过电话直接告诉听众违法信息，节目很火，不到一个小时的直播，只能处理几十个电话，而每天打电话和留言都近千条，我们处理不了。凡华的系统我们也需要。那是2012年初。

与凡华见面是在中联汽车俱乐部，不到30岁的年纪，有点成熟，谦虚而有个性，清晰的思路，专业的互联网语言，让我这个传统媒体人感觉到了我们的“代差”，和我们接轨互联网的紧迫性。后来我专门研究新媒体，担任台里新媒体中心主任、网络广播电视台总监为全台建立了新媒体集群，直到2019年入职高校成为新媒体学科带头人，可以说，是孟凡华这个不到30岁的新媒体创业者，帮我开启了新媒体的大门。也是通过这次会谈，我们2013年合作，一起经营运作了曾经排名媒体类全国前5名的哈尔滨交通广播微信平台。

想做媒体人的大花

我是个传统媒体人，虽然入职已经20多年，但对新媒体我是积极学习和迅速接受的。2012年下半年开始，我带领我的团队跟上了微信公众平台的发展期，迅速建立了频率的微信公众号，每天平台上的互动，打破了原来电话互动有限度单一的交流模式。当时每天几万人的加入，上万条的互动信息，改变了我们对交通信息发布的认知方式。起步阶段的微信公众号，我们只当成互动的平台，而且当时是以编辑部个人名义注册的账号。我每天关注着账号注册人的增长速度，兴奋而又不知怎么把握。

直到我见到了大花，我们开始谈合作，谈如何运营公众号。这时，我也深刻意识到，微信公众号将成为独立的传播平台，就像是我们现在的频率频道和报纸版面。当时大花是搞网络技术出身，先期合作是以技术服务为切入点的，我们做的第一件事是把平台的注册人更名为哈尔滨广播电视台，这以后可是台内的新的资源。大花告诉我，他特别向往媒体，一直想当个媒体人，他喜欢我们的主播晓青、晓诺，他能叫出一大批媒体记者的名字和主持人的栏目，和我见面他也是精心准备。图5-11为大花接受媒体采访。

图5-11　大花接受媒体采访（孟凡华提供）

2013年，哈尔滨交通台影响力正在逐渐上升，让正火的传统媒体人转战新媒体，对他们来说既没有激情动力又没有有效的手段。“让凡华组建团队，全面运营我们的微信公众号，不仅做技术支持还要做稿件编辑和活动策划，用新人新思维做新媒体。”我征求了班子的意见，达成了共识，整个频率是信息和采访支撑。我专门指派一名副总监对内容进行全面把关和审核，我当时给他们团队定的任务是年关注量达到20万。在编辑部我专门预备了办公室搭建了新媒体平台，大花也如愿地进入了我们的媒体系统，我们一起学习碰撞进步了三个年头。

新媒体人大花

做新媒体我也是在学习中转变。在大花他们身上我努力地感受着年轻人的思维方式和运作手段，并时刻提醒我和主管副手既要当好把关人又要放手年轻人。

微信平台发展初期就是跑马占荒似地“抢人”，一个推送稿件的标题会对阅读量和进多少人起着至关重要的作用。记得有一次媒体发布了一条寻找丢失藏獒的信息，在我们看来这就是一条普通的新闻，而这个信息在大花团队却变成了“有一条狗跑了，会吃人，在南岗区”。我女儿当时在师大附中上学，当她和她的同学都开始关注这条消息的时候，我开始学习接受新媒体团队的视角，而且这条稿仅仅3个多小时就过了10万+。当然，这个标题现在看来有夸大制造恐慌之嫌，但在当时微信发展初期，的确也算经典之作而且效果明显。

同样一条线索是哈飞汽车被长安收购，因为行业上的原因这条本应该是比较重大的新闻当时被处理得比较低调，没有进行宣传，只发布在汽车行业新闻中不太显眼的位置，即使这样也被天天寻稿的小编们发现，怎么处理？带着传统媒体思维的我准备策划一个深度报道，难点就是无论哈飞还是长安都不想解读，没人接受采访也不愿多说。编辑部大花团队的思路是做情怀，就是把哈飞系列车型的图片做展示，可以马上出门拍摄（哈飞车在哈尔滨保有量很高），也可在朋友圈收集，于是我们推出了“再见，哈飞！”的微文推送，短短几个小时阅读量就过了10万+，留言近千条，而且在平房区哈飞的工厂引起了巨大的传播效应。

我这个老媒体人，经常在编辑部和凡华的小编团队们一起商量选题，一起琢磨着标题。我给他们讲新闻规矩底线，他们以新媒体的视角去创新，大雨淹城，他们说“出门看海”。台风天鹅来了，他们说“我们大锅里预备好了土豆”……当哈尔滨修建地铁，交通大调整，我们连续推出哈尔滨单双号限行、开车应该这样走的推文，创造了12小时阅读量超过70万的纪录。还有一条推送“三个活宝来唱歌”，总阅读量超过千万，创造了黑龙江地区公众号阅读量的纪录，至今无人打破……

大花最初进入互联网是以提供技术服务为主，随着微信公众平台功能逐渐完善，我们在平台功能运用上也越来越得心应手：我们开通了机场航班实时查巡功能，开通了高速公路路况信息实时查巡功能，在黑龙江第一个建立了二手车微信评估系统，哈尔滨路况实时监测推送系统，每天公众号后台都有超过万人参与使用，当时是绝对领先于其他平台的功能建设。

那个时期是微信公众号的红利期，我们和大花团队合作期间也是哈尔滨交通广播电台微信公众号的快速发展期。到2015年年底，我们公众号的关注人数已经突破90万，我们的目标是做100万的黑龙江第一大新媒体平台。当时，我们的公众号在全国媒体类排名已经进入前5名，连续两年进入全国微信500强。在此期间，我们利用微信平台开创了多个黑龙江第一：第一次线上开办了哈尔滨交通广播微信车展，第一次组织了微信看车团，第一次线上开办了微信家居展，第一次组织了全省的最美路政员评选，第一次组织了哈尔滨自媒体人见面会……这其中都有大花和他的新媒体团队的贡献。

创业人大花

大花从上大学期间就开始创业，从技术服务到平台运营，再到开发项目独立创业，大花一直在新媒体的路上实践摸索。有失败，有积累，更多的是磨炼，他总是能抓住互联网的商机，快速变现，而又总是随着短暂的红利而不断寻找新的机遇，用他的话说就是不断“折腾”。创业之初，他成立了润博网络技术服务公司，靠互联网技术服务打拼市场。2016年，他成立了“100000+公司”（见图5-12），运营公众号、快手、抖音等新媒体平台。而随着微信红利的消失，2019年他又创立了黑龙江灰姑娘众创空间有限公司，培养合伙人一起运营有声读物市场和电商平台。大花一直在忙碌奔波

图5-12　大花的100000+公司
（孟凡华提供）

着，从最初的两三个人，发展到今天40多人的团队，还有了属于自己的办公平台。

每次见到大花，我都要问，发展到今天你的核心竞争力是什么？明天你还有什么打算？是否还在为寻找新的项目而奔波？

我和大花相识了近10年，那个曾经让我羡慕的互联网青年如今已经35岁，经常不刮的胡须看上去让人感觉有点老成和沧桑。朝气勇气魄力可贵，沉稳不足思虑不深，这是大花和我们这代人最大的区别，也是他们这代互联网人最大的优势。

2020年，作为新媒体创业人孟凡华得到哈尔滨政策的扶持，已经入职大学老师的我有幸成为他的创业导师。每次见面我都会对大花说，慢下来，停一会，思考一下，想一想未来如何让灰姑娘真正能在互联网行业扎下根。

● 调研问答

左晓东：你的核心竞争力是什么？

大　花：互联网阅历及人脉。

左晓东：你未来的打算？

大　花：帮助更多草根创业。

左晓东：你怎么看待人才问题（需求、用人、培养）？

大　花：互联网的趋势一定是以人为本的，人才是关键，会不断地挖掘培养人才做合伙人一起完成最终事业。

● 自述

坚持做个创业者

本人孟凡华，1986年生人，牡丹江林区子弟，2005年因上大学来到哈尔滨。在校期间受同学勤工俭学激励，也想赚钱为家里分担，因比较喜欢电脑网络，我慕名来到教化电子大世界做兼职。兼职卖电脑期间捕捉到商户有做网站需求，虽然尚未掌握建站的能力，但是凭着兴趣和信心就主动请缨接了商户订单。1200块，熬了7夜（白天上课，兼职）几乎通宵自学加老师指导完成了这个网站。这个商户也是自己第一个客户。当年（2006年）1200块真不少，自己也未见过世面，高兴地请同学吃了一周烤鸭（十几元那种），导致自己现在从来不吃那种烤鸭了。但是在当时我认为那是最好吃的肉。

赚到1200元后我信心大增，于2006年和三个同学成立了大花网络工作室。当时学府路上正好有一个哈南工业园，还知道有开发区，当时对开发区的理解就是有很多企业。然后我们就印制名片到工业园和开发区发名片，走向了创业路。但是当时很多企业不信任大学生，觉得不稳定做完了没有售后，所以2007年我们开始租民房成立真正的工作室。2008年我们搬到开发区租相对好的民房开始筹划注册公司。经过两年的发展，我的网站设计制作水平在业界已经小有名气，服务了百事可乐等一些知名企业，省委、市科技局等一些机关及所属事业单位。一些高校也请我担任网页设计、FLASH设计等专业的代课老师。其中包括哈尔滨工业大学、哈尔滨师范大学、哈尔滨学院、哈尔滨软件学院等。其间，哈尔滨电视台对我的“小家创业”进行了采访。其间设计的应用获得过全国性比赛的奖励。

2009年大学毕业前夕，我注册成立哈尔滨润博网络技术服务有限公司，由原来的自己设计制作，变成了小团队，更加规范地为客户服务。后又从开发区民房搬到东方学院，与东方学院进行校企合作，东方学院提供场地，润博网络为东方学院计算机学部培养专业人才。由于培养了很多优秀相关人才，该模式又被哈尔滨学院、黑龙江信息职业技术学院认可，我们先后也与这两所学校建立了校企合作关系，为其培养专业人才。

2009年后，公司也从设计制作逐渐转型技术研发，研发过少儿智能阅读平板。因一则报道称小孩看平板眼睛出问题，导致项目最终失败。后研发了省内第一款车辆违章主动提醒平台。平台上线后得到中联汽车俱乐部投资，与中联汽车俱乐部建立了合作关系。平台提醒先采用短信，2012年微信兴起后，随着微信功能的开放，又逐渐向微信倾斜，并使润博成为第一批拥有微信开发能力的公司。

在与925哈尔滨交通广播电台的合作过程中，公司仍坚持创新研发，组织研发了黑龙江首个智慧景区系统，受到《生活报》和黑龙江电视台多家媒体采访。但因各种原因项目最终以失败告终，从此我对技术研发失去信心。因与925的合作见证了媒体流量的力量，我开始决定从事自媒体创业，公司由技术研发向流量型转型。

2015年，我与合伙人创立100000+新媒体集团（自己吹牛这么叫的）。公司在成都、青岛、哈尔滨三地办公，通过投票的形式获取粉丝千万，赚到了自媒体第一波红利。2017年，在微信自媒体第一波风波中，100000+公司宣告结束。休息了一年后，我于2018年3月重新创业。重新创业感悟很多，体验过赚快钱的感觉，也遭遇坎坷，差点放弃。2019年，在快手上分享自己的创业心得获得3万粉丝的关注后，我重新找到方向，开始慢下来，放平心态，认为帮助更多人赚钱更有成就感，所以开始在公司内部进行合伙人选拔。2019年验证模式成功，我把我的经验分享给合伙人，使合伙人从原来的一个月赚几千块升级到了月入过万。由此，公司也走上了正轨。2020年，意识到必须把这种模式做好，让更多人受益，我成立灰姑娘众创空间。现在公司已经孵化内容付费创业者8名、新社交电商创业者300余名。虽已实现了创业的初衷，但是未来道路还很远。

● 链接

牡丹江85后孟凡华设计我省首个微信智慧景区系统即将应用，微信购票、语音导游逛景点更方便啦

《生活报》对凡华的专访

2016-02-18　记者：张洁　来源：生活报

生活报2月18日讯　1985年出生于牡丹江市的孟凡华有着不断创新的热情，他从大一起就尝试独自创业，创办了网络设计工作室。凭借着他所学动画设计的专业技能和多年来积攒的网络知识，网络设计工作室越办越大，孟凡华也成了同学眼中独立创业的成功人士。

一次偶然机会，孟凡华看到关于“互联网+”的概念，而其中的旅游领域引起

了孟凡华的关注。他上网查阅大量资料后发现，在北京、上海、广东等地，微信智慧景区系统已成熟，且被广大游客所接受，而在我省是一个无人触及的空白点。

孟凡华敏锐捕捉到了这个创业机会，以“通过网络搜索为自助游、自驾游游客提供便捷服务”为目标，成立了一个专门从事“互联网+旅游”的公司。2015年6月，他开始创造我省第一个微信智慧景区解决方案。说起一个学动画设计的人做旅游，孟凡华笑着说：“我不是抱着一定要挣钱的想法去做的，只是想做些有意义的事。这次尝试无论结果怎样，对我来说都是一次非常宝贵的经验。”

经过半年时间，孟凡华的微信智慧景区解决方案于2015年12月出炉了，并且已经实验成功。他的解决方案是基于微信平台的第三方服务，通过微信智慧系统，游客可以用微信和支付宝购买景区门票，扫描门票二维码即可进入景区。游园过程中，游客可以利用语音导游和语音解答，再不用担心游玩过程中迷路或找不到卫生间了。“现在越来越多的人喜欢自助游，微信智慧景区解决方案将实现景区与景区间的串联，它可以帮助全国各地的游客根据自身需求，制定个性化的旅游路线和行程安排。”孟凡华解释到。目前孟凡华正在与我省一些知名旅游景区洽谈，未来微信智慧解决方案将成为龙江旅游新形式。

● 创客档案

创业者：孟凡华，黑龙江东方学院2009届动画设计专业毕业生。

创业宣言：只有敢于作第一个吃螃蟹的人，才能走在前面。

对话导师

创业者：孟凡华。

创业导师：黑龙江省级创业导师、黑龙江大学创业导师吕松泽。

创业者：微信智慧景区解决方案是否具有长远的发展空间和广阔的发展前景？

导师：该项目既利用了“互联网+旅游”的崭新概念，也顺应了行业发展趋势，会具有非常广阔的发展前景。该项目另一大优势就在于其专注于本地的旅游业，这也会带来巨大的发展机会。

创业者：这个创业项目将来可能遇到哪些问题?

导师：除技术达到需要的标准外，向景区和游客双方面推广和宣传是初期的首要困难；游客通过解决方案购票，应注意可能出现的人身财产安全问题，保险不可忽略，以免遇到纠纷。微信智慧景区解决方案可以一方面依托旅行社的会员游客，另一方面依托消费者，“双管齐下”取得好的效果。

七、大龙和他的“哈馆”

在哈尔滨有个叫“哈馆”的公众号，是推荐美食的，很火，也很有个性。其影响力在餐饮业可谓举足轻重。它的每一篇文章、每一道菜、每一份特色美食的推荐都会引起不小的轰动，深受哈尔滨一批美食爱好者尤其是年轻的“吃货们”的喜爱。现在的“哈馆”其实在最初建平台时叫“哈馆网”，起源于网站上的论坛。因为做的平台火了，“哈馆网”这个名称被别人抢注了，“哈馆网”成了今天的“哈馆”，好在内容用户还在，并没有因为一个“网”字而受到影响。

图5–13　“哈馆”团队（大龙提供）

初识“哈馆”（见图5–13）是在2015年，我还在媒体供职。一次偶然的机会在朋友圈看到一张招聘启事，招新媒体编辑，名额10人，工作地点居然是观江国际（哈尔滨市住宅小区）。招聘广告中还有隔窗观江的相片、雅致的工作场景、团建、旅游奖励、丰厚的底薪和温馨的宣传语……我当时确实有些吃惊，是什么样的平台和运营收入能支撑起这样的队伍和工作场景（其实当时房租并不贵）？记得当时就这个招聘启事，我特意在编辑部大会上作了专门的动员，让大家思考我们已经有30多万粉丝的公众号能否达到这样的经营规模。发这个招聘启事的公司就是“哈馆”。当时我的女儿正上高中，她告诉我，她们同学都从“哈馆”上看美食。关注了公众号，受图文的诱惑，我专门开车去吃了几家“老店”，亮出“哈馆”的文章，老板还给了折扣。那时，我就想找“哈馆”的创始人聊一聊，因为他一直是我宣讲新媒体的案例。

2019年，我入职高校，成为新媒体专业的学科带头人，拟筹备建立哈尔滨新媒体联盟。新媒体圈里的朋友告诉我，“哈馆”的掌门人大龙不太好打交道，傲气，有个性，不对撇子的人不交往，另外广告绝不会打折。终于走进“哈馆”的工作室，松花江尽收眼底，现代而紧凑，黑板上写着起标题的几个原则，小编们埋头在电脑上……大龙委婉地告诉我，他暂时不打算参加任何组织联盟，怕分心，而且没有专人去处理。大龙给我的第一印象是南方企业的首席执行官（CEO），坦率而又高效。我们谈了半个小时左右。知道我是大学老师，大龙提出校招、实习生可以和他合作。这是我们第一次见面。我教大四的学生，在课堂上讲解“哈馆”的案例，同学们很向往，我向“哈馆”推荐了实习学生。后来接到大龙的电话，他对学生非常满意，并准备正式录用。2020年底，我开始作黑龙江自媒体人生存状态调研，这次大龙愉快地接受了我的采访。

5年“北漂”的收获

大龙，原名李龙（见图5-14），1980年出生，家是哈尔滨道里区的老户，临着松花江。2004年，大龙从哈尔滨师范大学毕业，学的专业是广告学。大龙性格有些内向，不愿交际，但对电脑和设计情有独钟。毕业后，他实习的第一个单位是新华社黑龙江分社。短暂的媒体经历，让他对媒体有了向往。就在这一年，有两个爱好电脑的朋友在大庆创业，他受邀来到大庆，3个人一起办起了“榜网”，为高考生查分数的一个网站。干了不到半年，网站就经营不下去了。而就是这短暂的创业，让大龙坚定了他的互联网之路。“去做个北漂，去学互联网”，大龙给自己定了目标。他开始行动，给他知道的和别人介绍的各家北京互联网公司投送简历。在一次次等待中，北京的公司始终没有音信。一次机缘巧合，广州“POCO”一家融资的互联网公司看到了他的简历，给他发来了入职邀请。去南方，哪怕先当个“小白”。

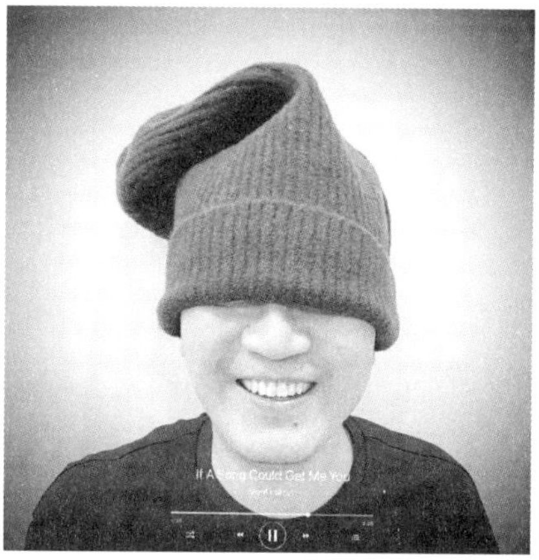

图5-14　大龙自拍像（大龙提供）

大龙是学广告设计的，这家互联网公司也正好缺少摄影和设计人员。大龙在谈到他在广州的工作经历时说，当时他是硬着头皮挺过来的，差不多一年的工作经历是在痛苦中的收获与成长。首先要过语言关，他真听不懂广东话，直到公司迎来第二位从沈阳来的入职者，公司的例会才开始夹杂着普通话；再就是那些他听不懂的互联网术语。工作是充实的，P2P传输协议（BT）、公关、设计，每天都要给老板做PPT，和老板一起去各高校演讲、演示和谈判。2006年一个月5000多的收入在当时的广州还算可以，可是大龙却总觉得这不是他想要的。在广州这一年的跟随，他觉得公关商务并不是互联网的核心，他也要做产品经理。而在广州的工作中，他也一直没有放弃往北京投送简历。

2007年，他终于接到了北京“优点”一个在大学做社交网络服务（SNS）校园网站的互联网公司的入职邀请，职位是产品经理。这一年也是他大学毕业的第三年，终于实现了他的北漂梦想。当时的北京是我国互联网发展的前沿，各种的投资融资、跑马占荒、野蛮增长、兼并合并、优胜劣汰……也就在这一年，大龙开始筹备建立自己的网站和BBS论坛。在北京，他从产品经理一直做到了经理助理，每月1万多元的收入也让他小有积蓄。

时间到了2009年，他所在的公司被美国哥伦比亚广播公司互动媒体公司（CBSi）收购。老板对大龙依依不舍，专门请他吃饭，并向新公司推荐。可是这时的大龙已经规划好自己的未来，回家创业。谈到在北京那两年的北漂历程，大龙最大的收获是真正感受到那咄咄逼人的创业氛围和实干精神，同时也让他看到区域化未开发的市场。他带着已经经营两年的“哈馆网”的网站和论坛，回到了哈尔滨。

“哈馆”初建

有20万注册人数的网站，每天2000多人在线，这就是大龙的全部家当。为什么要叫“哈馆”这个名字？大龙告诉我，其实他们当初定位就是做服务，做哈尔滨本地的生活消费指南。在论坛里，大家每天分享旅游、美食、购物、消费体验，大龙沉浸其中，网站的氛围也其乐融融。可是怎样变现？这是当时这样区域性对象化的网站所面临的共性问题。已经深得互联网精神的大龙坚信，有这批人在，有这个美食主题，将来一定会好的。

2009年的哈尔滨互联网创业也刚刚起步，虽少了北京的氛围，但却没有那种你死我活的残酷竞争。要运营网站是需要成本的，场地先在家里，人员自己还可以应付，没有收入就在家吃住。就是在这种情况下，2010年大龙还是注册了公司，他觉得未来网站发展一定会用得上。

谈起在家办公那几年，大龙说：“我就是坚持，那些每天和我互动的网友支撑着我挺下去。”经营网站的第一笔收入来自“印象泰”，这是一家哈尔滨泰国风味餐厅，只有200元，还是代金券。对这一次，大龙记忆犹新。从这开始，不少商场、饭店也开始成为网站上的常客。大龙也经常和网友一起被邀请去探店试吃。收入虽然不多，但是网站更加活跃了，也有一批骨干分子成了探店专家。转机来自于微信的发展，2013年后微信公众平台开始逐渐被人们所熟悉而使用。经历了4年多的蛰伏，大龙的“哈馆”终于迎来新的发展机遇期。

红利期的“哈馆”

2014年“哈馆微信公众号”正式上线。新的传播方式，内容上的图文并茂，让大龙和他论坛的网友们有了新的阵地。到2015年大龙终于把论坛上的粉丝转移到了公众平台上，为以后3年收获红利和逐步积累打下了基础。传播效应明显，使用方便，饭店和商企也终于开始认识到了公众号的价值，并开始投入其中。大龙也从建立公众号那天起陆续接到了订单。2000元1次，3000元1次，5000元……头题，二题，我要预约，大龙终于开始有条件接单了。经营规模的扩大、收入的增加，以及采编量的迅速提升和后台技术的需求，建立团队已经刻不容缓了。好在内容上原来网站的博主们还能支撑。新的语境和传播方式，需要新的思维和模式，大龙的团队开始进入一批年轻人，办公地点从家里搬到租的写字楼，团队也从几人发展到高峰期的20多人。2015年我看到的“哈馆”招聘广告，正是大龙急剧扩张期。大龙告诉我，2014年和2015年他对公众号做了人才和内容储备，在2016、2017和2018这三年开始成熟的运作并收获了市场。说大龙有性格，不好接触，是朋友圈传出来大龙从来不讲价，也不开面，而对他们认为不合适的餐饮企业也坚决不发稿。

做极致的内容

大龙给“哈馆”的定位就是做餐饮美食。他后来跟我说，之所以不愿意参加各种联盟协会，就是不想把定位弄偏了，不符合定位的稿不发，只接饭店食品商场类的广告，其他类别的产品不想涉及，担心影响粉丝们的消费体验。而且他还一直坚持探店不收费，把藏在深处的特色挖掘出来，所以他的小编们并没被安排营销任务，只要会吃、会拍、会写即可。师大夜市、尹胖子油炸糕、道外的胡同小店等一大批美食都是被“哈馆”挖掘出来的。广告设计出身的大龙对内容有着偏执的追求，文本、图片、风格、版式等每一篇稿件他都会和小编们反复推敲，写字板上的案例每天都在更新。而经过他们的努力，“哈馆”的美食稿件在当时刚推出就有了自己的风格和特性。即使是只面对哈尔滨这个群体，其阅读量在高峰期头题能达到六七万，还偶有10万+出现，这在当时只针对餐饮行业而言的公众号也的确算得上是出类拔萃的了。而最让人欣喜的是中学、大学学生等年轻人成了助推“哈馆”的主力。当时我女儿上高中，她告诉我她的同学们都知道“哈馆”，她们喜欢“哈馆”的稿件并互相转发，她们对“哈馆”推荐的店也都去追捧。2019年我给大四学生上课，班级一半以上学生都知道“哈馆”。就像大龙坚信论坛一定会变现一样，他坚信好的、极致的内容一定是“哈馆”的生命线。如何处理好客户的要求？大龙告诉我，不是所有的饭店他都会发稿的，即使投钱了，他们也会考察口碑，他说他要对“哈馆”的用户负责。当时在“哈馆”发生了“鱼翅事件”。有一家高档饭店入驻哈尔滨，主打“鱼翅捞饭”，选择了“哈馆”公众号进行推广宣传，而且要求文章放在“头题”第一条发表。推文如期推送后，“哈馆”的后台接到了大批用户留言，“没有消费就没有伤害”“我们应该抵制鲨鱼翅”“这样的稿件不应该出现在平台上”“哈馆需要道歉撤稿”……面对用户的议论要求，大龙决定撤稿，退款。当天，大龙就删掉了“哈馆”鱼翅捞饭的推文，并在第二天发表了致歉声明。对于这件事，大龙告诉我，他不想过多去炒作，因为“哈馆”违约在先，在签订合同收完款之后没有继续履约，而工商部门也没明令禁止不能推送。大龙能做的就是登门去道歉，退款。大龙说，当时见到饭店老板的时候，他是准备违约赔偿的，因为之前探店，店里还准备了上千元的招待饭。大龙的诚意得到了老板的谅解，老板只收回了退款，没有索赔。之后他们还交了朋友。之后，这家企业在哈尔滨群力新区又开了第二家店，又一次选择了“哈馆”进行了投放，只不过不再推荐鱼翅捞饭了。总结这个事件，大龙认为这不是饭店的错和用户的错，错在“哈馆”一开始没有意识到像鱼翅这样的内容不应该宣传。大龙在总结他的用户群时说，你应该相信他们是聪明的，你应该尊重他们、维护他们、呵护他们，充分认识到他们的需求，绝不能因小利而失大。那么，如何面对客户的发稿具体要求？大龙总结，不要恶意夸大，把不好的说成好的，把庸的吹成优秀的；如果体验失败，不仅商家丢分，平台也会流失用户和失去信任。善意的夸大就要学会找点，在众多中，选出好的来去渲染，去分享。大龙说这是“哈馆”这么多年来坚持的原则。

“哈馆”的“危机”

大龙坚信，极致的内容和责任会让“哈馆”成为优秀的广告投放平台。这三年红利期，他并没有成立专门的营销队伍，广告基本上都是客户主动找上门来。而到了2019年，大龙发现客户一下子少了三分之一，是经济原因，还是什么？正当大龙困惑之时，2020新冠疫情的到来，“哈馆”一下子陷入到收入危机中，餐饮零售客户全部歇业，已经签好的订单也在无限推迟。尽管“哈馆”开通了线上服务，而面对大形势，作用有限。组建的团队，也在连续停更几个月后，走的走，辞的辞。当我2020年年底采访大龙时，他正在重新招聘人员，恢复生产。

“哈馆”危机其实在他最火的时候已经开始显现。从我女儿身上就能体现。抖音、小红书、直播已经开始在他们那批年轻人身上广泛使用，而对公众号的关注越来越少。他们会经常在抖音上刷到美食，在小红书的分享中去体验。而作为原来的客户源，他们越来越多地注册了自己的抖音快手账号自己宣传自己。餐饮行业宣传门坎低，各种平台也使用各种手段在争取这个资源，竞争者越来越多。而作为“哈馆”本身，也没有快速拥抱使用这些新的平台资源，所以2019年下滑危机是必然之势。

“哈馆”未来

伴随着这么多年的发展到如今，微信公众平台已经成为新媒体中的传统媒体，而新平台的出现必然稀释分流其原有的客户资源和用户。拥抱新平台，用好新平台，找出新旧结合的突破点，利用好已经达成共同体的客户和用户，做好服务，一定会有新的发展模式。

谈到“哈馆”的未来，大龙仍充满信心，现在当务之急是组建团队，培养聘请专业的市营销人员，抓住大客户，稳住大盘，服务好小客户，拓展新的增长点；同时用好新人，培养团队的市场营销意识，并利用好新媒体平台，投入一定的技术资源，开通新的线上渠道。当前，大龙团队已经开始了以“新朋友生活需要新鲜感”为主题的“新朋友计划”，从关注人入手，大龙说他就是给用户提供一些新鲜感的推荐，他有信心让“哈馆”继续成为哈尔滨有影响力的美食消费平台。

●调研问答

左晓东：你的核心竞争力是什么？

大　龙：我们能坚持这么久，核心还是觉得用户认可我们，我们就想分享一些值得用户去推荐的一些消费的地方，所以我们就是会比较谨慎地来选择店。其次是我对美食消费行业的深耕与了解，我专一做好这一件事。我这么多年精心维护的用户是我的根基，我对他们负责，我把最好的东西与他们分享。最后是我的坚持和信念，我会不断地学习，我相信我的团队。

左晓东：你怎么看待同行的合作？

大　龙：我是受害者，曾被恶意抢注和抄袭。我愿意公平竞争，有条件可以跟他们相互合作。

左晓东：你怎么看待用人问题？

大　龙：哈尔滨缺少新媒体专业人才，人才流动性大，流失严重。我已经习惯了在运营中不断选人用人，愿意与高校合作。

●作者点评

“哈馆”的成功见证了80年代那批互联网人的坚持与执著，他们是我国互联网发展过程中的实践者、贡献者和受益者。他们现在面临的问题是守成与创业、突破与创新的抉择，不能固守城池，不要成为新媒体时代的传统自媒体人，要勇于拥抱新生事物，紧跟网络新技术和传播新媒介的变化更新自己，为创业成果注入新的生机和活力，实现做大做强。

八、邵雷：目标哈尔滨

与邵雷见面时离2021年春节还有十多天，当时哈尔滨的疫情趋紧，邵雷是依兰人，不抓紧见面邵雷怕春节前就回不去家了，那时候我出门也开始受到限制了。这个时候邵雷还没离开哈尔滨，他要推广他的一个“抖音集客”项目，同时向哈尔滨科技局申报了对中小科技企业支持的“雏鹰计划”。申请初审已经通过，他正为此准备后续材料。疫情紧张，所有项目暂时搁置，邵雷很无奈，只能在临时租的住处等消息。图5-15为工作中的邵雷。

图5-15　工作中的邵雷（邵雷提供）

作黑龙江自媒体人调研，我是从哈尔滨市委宣传部得到邵雷的信息。邵雷2019年被评为哈尔滨首届“冰城好网民”，对他是这样评价的：用电商平台为扶贫撑起一片天的邵雷。依兰的邵雷利用他的网络平台帮助了无数的乡亲，这是一个励志与感恩的故事，非常让我们感动。

见面前和邵雷通了几次电话。听到我的来意，邵雷说他不知道符不符合我要调研的自媒体人的标准，让我先看下他的个人视频简介。视频里主要介绍了邵雷的创业历程和在依兰做公益帮扶救助的故事，很正能量，也很感人。但我最关心的是，在依兰这个人口规模不大的县城，邵雷的新媒体平台是怎么运作的？邵雷在区县一级的区域内是如何成长的?

顺便说下依兰，现在最出名的依兰人应该是方磊，他的《依兰爱情故事》让这个曾经让宋朝徽钦两个皇帝坐井观天的地域倍受《你好，李焕英》的拥趸者所关注。在哈尔滨的区县中依兰经济并不发达，原有人口40多万，这些年人口外流和出门打工，让县城仅有26万人左右在这里生活。

邵雷是80后，人看上去显得有点老成，很健谈，很谦虚，听他的经历就是一个农村孩子的励志故事和创业史。

“小霸王”开启的互联网之路

邵雷出身在依兰的农村，1997年随家人搬迁到县城，当时因家庭贫困错失了就读重点高中的机会。邵雷说，能走进互联网就是自己的执著和爱好，从喜欢到以此为生计。当初他是从居住地旁的垃圾堆捡到了一本中学版的《电脑初级教材》，里边有五笔字型，他对书里面的知识特别痴迷，可是电脑离他太远了，有点遥不可及。一天表哥来他家，发现他在研究电脑的书，就把家里闲置的小霸王学习机送给了邵雷。拿到了学习机，邵雷只用了一星期就学会了五笔打字。那个时候，全国各地都流行上网吧，依兰也有网吧，每小时5元钱，是邻居的孩子把他领进网吧。从此，只要一有钱他就会钻进网吧，别的孩子打游戏，他却打开浏览器，通过互联网这条线了解依兰以外的世界，每天下载大量资料，学习研究，在网络上找到了生活的新坐标。

邵雷的第一个网站

穷人家的孩子早当家。2001年当他那个年纪的孩子都在学校念书的时候，邵雷一天已经开始打三份工了。早上7：30到下午4：30在电脑店上班，每个月300元；下班后到依兰一家广告公司做电脑维护，每个月300元；晚上7点到次日凌晨2点在网吧做网管，每个月300元……在当时县城一个月900元的工资不算少，做电脑维护和网管，更让邵雷如鱼得水。那个年代在县城里会摆弄电脑的人不多，而邵雷的钻研让广告公司的老板对他刮目相看。有一天，老板问邵雷能不能开个网站，他出资邵雷干，干好了平均分，干不好算他投资了。这时，邵雷开始运营他的第一个网站依兰论坛（0451yilan.com）。一边打工一边经营网站，同时当着网管，日子在劳累与充实中度过。虽然注册了网站，但运营却没那么容易，论坛上挺热闹但变现很难。2003年，支持邵雷开办网站的这家广告公司到哈尔滨发展，邵雷也就此退出了网站的运营。

依兰创业故事

网站关停，邵雷开始了专业的网管生涯。邵雷成了依兰那片的电脑网络高手，而很少有像邵雷这样不精通网络游戏，却只喜欢钻研技术的人。在网络上邵雷还有个不为人知的名字：傲者少言。从卷入“中美黑客大战”，到编写《黑客攻防指南》，傲者少言这个名字，激励了一大批国内早期网络安全爱好者。邵雷的梦想是成为一名网络安全工程师，为此他花掉整月的工资买了国家信息安全技术水平考试（NCSE）信息安全工程师教材自学。但是最终因为种种原因，邵雷放弃了成为安全专家的梦想。

时间到了2007年，邵雷攒了4万多元钱，做了一个决定，要自己开家电脑商店。依兰不大，电脑需求量有限而且当时就只能卖神舟电脑，利润也不大。但是邵雷通过去神舟电脑厂家学习深造，拿下国家电脑维修工程师认证，修电脑成为他的强项。他印了一大堆卡片，跑遍了依兰各大小区和居民楼。邵雷告诉我，电脑店收入不多，每个月3000多块钱。而最大的收获是，通过维修安装电脑，他交了一大批依兰的朋友。这为他以后做快讯商品广告（DM）报纸投送打下了基础。

2013年，邵雷偶然接触到了DM报纸分发项目，当时在依兰开发这个业务的人并不多。邵雷加盟了山东金点子广告传媒有限公司成为旗下依兰分公司，并获得了发行刊号。凭借电脑店的人脉关系，以电脑店为基地，他迅速找到了客户并与合伙人（版面设计）推出了第一份各商户的广告宣传报纸。县城小，传播到达率好，这种传统的营销方式当时在依兰效果明显。月底一算账，邵雷拿到了差不多1万元收入。跑客户、研究设计方案、印报纸、发报纸，这样的运作维持了两年多。合作伙伴的中途退出，再加上DM市场整体业绩下滑，这个项目到2016年已经基本停滞不前了。邵雷总结，这是他当时创业收入最高的两年。

2017年，凭借对互联网的敏感，邵雷又抓住了一次互联网的赚钱机遇，通过网络平台为各大中院校投放商业赞助。一边是赞助商，一边是高校社团，一个活动下来，利润少则一两万，多达十几万，而且邵雷在依兰做的是全国市场，客户不断。但是直到2018年，这个行业鱼目混珠扰乱市场者居多，导致整个行业失去发展潜力。邵雷说，这两年的互联网营销，让他有了真金白银的积累。这也为他这些年一直想筹备的网络科技公司打下了经济基础。2018年，他退出山东金点子广告传媒公司的加盟。2019年1月，邵雷成立了哈尔滨金点子网络科技有限公司。

邵雷的依兰网

在邵雷的创业过程中，他始终没有放弃互联网平台的建设。用他的话说，虽然网站不能养活我自己，但却是我的爱好和情结。2009年，在电脑店相对稳定的时期，邵雷开办了依兰网，建立了社区，在网络上也开始小有名气。邵雷说，当时办网站只是想有个社交圈子，当2010年他看到黑龙江信息港之后，决定要把依兰网办成依兰的门户网站。加历史、加背景、加资讯、上新闻，依兰网经过邵雷几年的经营，在依兰已经小有名气。也就是在这几年，邵雷通过依兰网

图5-16　邵雷获得哈尔滨首届“冰城好网民”称号（邵雷提供）

救助公益活动，为依兰的孤寡老人和困难群体实实在在地解决了不少难题，自己成了依兰的网络名人，好人邵雷也叫响依兰。邵雷说，他做这些事投入的是电脑店的收入，他从来没有后悔过。图5-16为邵雷获得哈尔滨首届“冰城好网民”称号。

2014年，一个购房人与依兰某地产商存在多年房产纠纷，后来在得知依兰网在当地小有名气，便向新闻主管部门投诉那个地产商是依兰网，当时依兰县里宣传部门和省记协都找邵雷核实了情况，问题虽然查清并得到了解决，但邵雷对依兰门户网闲置了一年半。2016年，邵雷把依兰网改成了专门为百姓服务的便民信息网。经过几年的洗礼，依兰网注册会员已经超过40万，公众号粉丝超过10万人。2017年，邵雷把收入投入到技术研发、购置服务器等项目上，开始为依兰的商家和企业提供电商平台等技术服务。2019年，受依兰县政府之邀邵雷入驻依兰电商大厦，依兰县政府的领导表示，要大力支持邵雷的开发项目。

目标，哈尔滨

当我问到邵雷未来的打算，邵雷告诉我他要从技术服务型企业向平台型企业转型。首先，他要进入哈尔滨市场，准备在哈尔滨建立新公司。他和他的团队目前开发的软件即服务（SaaS）系统，已经申报了哈尔滨科技局的“雏鹰计划”，并通过初审。关于字节跳动授权的“抖音集客”项目，他们准备年后就在哈尔滨推广。邵雷满怀信心地告诉我，未来三年他要把公司市值做到3000万，争取上新三板。

● 调研问答

左晓东：你的核心竞争力是什么？

邵　雷：2000年接触互联网，20余年网络行业工作经验。在本地积累了丰富用户资源，业界拥有良好口碑。

左晓东：你怎么看待同行的合作？

邵　雷：工作中经常服务于异业间同行合作，但是网络行业同行很难合作，因为大家都是内行，或者都在自己的领域有一定认知，对于业界内其他领域并不感兴趣。

左晓东：你怎么看待人才问题？

邵　雷：这个社会不把人才按企业的标准培养好送上门，需要高薪吸引，按需培养，提供发展空间。

● 作者点评

邵雷天生就对网络敏感，他爱学习，肯钻研，能吃苦……为了生存他有强烈的创业欲望。磕磕绊绊走来，他是幸运的，幸运的是他终于回归到网络中，没再偏离航线，因为在创业中有一种互联网精神在支撑着他，执著与坚持。依兰是邵雷的大后方，不要放弃，他更应该好好经营。要学会和政府打交道，用好政府的政策和资源。

九、用小事撑起的平台

——王玉吉和他的平房大小事

在介绍新媒体人王玉吉和他的新媒体平台“平房大小事”，首先要给大家介绍一下平房区。

平房区是哈尔滨一个以工业著名的区（县），离哈尔滨传统的主城区南岗、道里有点远，所以不少哈尔滨人都把平房当郊区，去趟平房就和下乡似的。可就是这个平房，却是中国直升机起飞的地方，军用直系列直升机和哈飞的运-12就产自这里，还有著名的曾经火遍全中国的哈飞微型车……不止于此，日本侵华时“731”细菌部队的遗址也给平房区增添了一份历史的厚重。

平房区人口并不多，只有20多万人，大厂职工及家属占了大部分，他们集中而且关联，有典型的区域特性，像县城，是易于传播到达的群体。2015年，哈飞微型车被长安收购，正在媒体供职的我带领新媒体团队策划发表了一篇微信推送《再见！哈飞微型车》，几个小时的工夫阅读量就过了10万＋，数据显示在平房区打开、转发的最多。

2019年，我入职高校成为新媒体专业的学科带头人，策划成立哈尔滨自媒体联盟，媒体圈的朋友向我推荐了王玉吉。加了微信，通了几次电话，开始关注“平房大小事”的公众号，我发现，这个平台定位准确，关注度高，阅读量稳定，做出了县级融媒体的水准。当时微信记录了与王玉吉的交流：“刚关注了你的号，阅读量不错，只关注平房的事！切入点好，到达率好。不求大，用好资源，好把控，对象明确，忠实度高。这是一种模式，只要精心耕耘，一定有收获。”我们的交流得到了王玉吉的认同，之后我们一直没机会见面。

图5-17 洋溢着淳朴笑容的王玉吉
（左晓东摄）

2020年底，我开始做黑龙江自媒体人生存状况调查，约了几次王玉吉（见图5-17），他一听要采访调研，都委婉拒绝了，不想说也觉得没啥说的。我说不是以记者身份采访，就是想聊天，我说可以请我吃点平房特色，王玉吉终于同意了，我们在“李一手牛排牛尾一锅香”见面了。小伙子干练又务实，有些内敛，不愿多说话，和“哈馆”的掌门人大龙有点相似。在浓郁的牛肉香中，我们对新媒体的认知达成了共识，小伙子也终于愿意说他的创业经历。对王玉吉和他的平房大小事的调研也在嘈杂的饭店中完成。

创业始于食堂里少了鸡腿

1986年出生的王玉吉老家在黑龙江省哈尔滨市巴彦县。高中毕业他考上了哈尔滨华德学院，学的是数控机床。因为专业对口，王玉吉毕业就入职了平房区的一家工厂，成为了一名技术工人。因为爱钻研、喜欢鼓捣电脑和对网络天生的亲近感，使他能得心应手而又游刃有余的工作。每个月七八千元的工资，再加上工厂的吃住福利，王玉吉在同龄人中也绝对算得上是高收入了。好日子只过了几年，危机感来自于食堂，用王玉吉的话说，他发现工厂食堂里原来每天供应的鸡腿没了。再加上原来堆积如山的活和绩效开始明显减少，他敏感地意识到企业走下坡路了，便选择了离开去创业。凭着爱好积累的经验，他在零售批发生活用品的天猫、淘宝网店打工，做运营。在谈业务期间，有一句话让他开始反思，“你是爱好网购还是爱好互联网？”那就干互联网，王玉吉开始建QQ群，帮人转发广告，浇水、卖东西，自己又学会了PS（Photoshop，Adobe公司开发的照片、图像和设计编辑软件），学会了美工，在网上找活干……一顿折腾，钱没赚多少，这以后要干点啥？总不能一直这样吧！

当伴郎初入新媒体

在迷茫中王玉吉来到了2014年。一次朋友的婚礼，他应邀当伴郎。在车上，新郎和王玉吉聊起了未来的打算。他告诉王玉吉，这个年纪学东西不容易了，建议找一个方向拼一把。回忆起那个瞬间，王玉吉说，像打开一扇窗，看似不经意的闲聊，却坚定了他创业的方向。回到家后，王玉吉把他从毕业到那时干过的所有事都列在了纸上，一条条看，一件件总结，决定微信创业，并马上注册了微信号。当时有个名为“九鼎快讯”的企业可以刊发广告等各种信息，王玉吉开始转发广告。可是问题来了，微信号有了可发的是广告信息谁来看呢？王玉吉觉得必须要转变工作方式，引起大家的关注。于是他印了一大批小卡片，天天上街发，让人扫码、求人扫码。为了增加关注度，他花了400多元“巨资”做了一个大头连体熊，节假日到公园去推销站台……可是粉丝关注度还是屈指可数。这路子不对，王玉吉就这样磨合了一年。转机来自于一次提醒事件。

从做内容到做服务

时间到了2015年，有一家企业在平房繁华的人行道上进行路面施工，挖开的路面四周只用铁丝做了围栏，行人通过时极容易碰到。王玉吉敏锐地发现了其中的危险，在平台迅速成稿推送，提醒平房区市民，走到此路段一定注意安全。稿子发出后，引起了平房区市民的广泛关注，大家互相转发提醒，同时新闻媒体、政府相关部门也开始关注并采取了行动。那家施工企业也收到了消息，马上进行了整改。就这一件事，王玉吉的公众号当天新增粉丝2000多人，创下了开号以来的历史纪录。也就是这件事，让王玉吉真正认识到好的内容、服务百姓的内容才是“平房大小事”生存的关键。从那一天起王玉吉开始想尽办法去挖掘平房的大事小事。为自媒体做新闻并不是长久之计，也不是他的长项，王玉吉只能在夹缝中生存，有限度地追踪一下热点为百姓办点实事。但就是这样，他也为老百姓办了不少实事。随着“平房大小事”在平房的影响逐渐增长，区政府相关部门及平房区的企事业单位也开始关注此平台，主动把相关的新闻信息输送到平台，有新闻发布会也会主动邀请他们参加。不仅要做好平房百姓关注的热点和新闻，更要为平房百姓做好小事的服务。王玉吉找准定位，利用平台功能模块，免费为平房百姓开通找人、寻狗、求助等服务信息。3年多来平台发布信息超千条，有效率达到50%以上，在平房有事找“平房大小事”已经成为不少平房市民的口头禅。内容抓热点抓关注，服务不怕小要做实。“平房大小事”终于通过这些小事，撑起了一个新媒体平台。目前以“平房大小事”为主体的系列公众号和App共有粉丝约21万，基本上覆盖了整个平房区域。

从红利期到创收瓶颈

2015年年初，当第一笔200元广告收入到账的时候，王玉吉不知这是苦还是甜。付出终于有了回报，就是从这200元开始，平台每个月都有了二三千元的收入。到了2015年年底，平台的月收入已经接近万元。这时他也开始组建他的团队并筹备成立公司。业务量扩大，要新注册平台，App也开始筹备，每天处理的信息量翻了几倍，王玉吉知道平台的未来发展靠一个人已经无法支撑。“平房大小事”在平房的知名度高，一条招聘信息，志同道合的应聘者马上到位。在采访中王玉吉告诉我，2016年，平台的月收入已经过万，到8月份他给员工结完工资和费用后，账面就只剩下了1113元钱，还够还上他一个月的购房贷款。也在这一年，他的儿子刚好诞生，所以他记忆深刻。组建团队需要成本，但王玉吉坚信只要把流量做好今后一定会支撑起平台的运营。平房虽小，但人口集中，传播效果好，餐饮、洗浴等服务场所是平台的主要客户源。随着平台粉丝不断增加和阅读量逐渐攀升，王玉吉的“平房大小事”公众号广告价格也从头题只能收200元到报价2000元以上，这个红利从2016年开始，一直持续到2017年和2018年。王玉吉有了一定的积累，人员也相对固定下来。

危机从2019年开始显现。微信公众号经过多年的运营已经成为新媒体中的传统媒体，搭载广告的创收模式逐渐开始下滑。尤其是以抖音、快手为代表的新的直播平台的出现，迅速席卷了传统的广告源和广告到达传播方式，而受冲击最严重的是餐饮、洗浴等服务行业，这也是“平房大小事”的主要客户源。面对市场的变化，王玉吉也开始涉足直播领域。他们推出“李大饱”（王玉吉的妻子）探店，到饭店直播推荐，做了一系列尝试，取得了一定的效果。可是，2020年突如其来的新冠疫情，使得服务企业全面萎缩。新的业态和市场环境，让王玉吉和他的“平房大小事”不得不面临一次新的抉择，这也是一场新的生存危机和转型。

做平台做有用的信息平台

2020年4月全国疫情缓解，王玉吉开始了他的南方之行，青岛、南京、滁州，去打工、去学习、去找新媒体同行，这一转就是两个多月。这是王玉吉多年养成的习惯，遇到难题，先放下，出去走走。是呀，广告到了瓶颈，平台影响力还在，粉丝每天还在增长，可是钱从哪来？人怎么养？平台怎么运营？王玉吉必须要解决这些问题。做信息，做有用的信息，靠信息服务收取费用，支撑平台的运营发展。王玉吉告诉我，这次南方之行，坚定了他做好信息服务的信心，而且在南方也有成功的案例，只要服务到位，有用有效果，收入应该没有问题，哈南工业新城范围内大概有两三万家。2000家是平台现有的已经入驻的企业，利用“平房大小事”搭建起用人平台，为求职者和用工企业服务，就是未来“平房大小事”的生存契机和基础。图5-18为王玉吉和他的小伙伴们。

图5-18　王玉吉和他的小伙伴们（王玉吉提供）

会不会和58同城产生竞争？王玉吉的回答是：“我正好弥补了58同城的不足，最后一公里在我这里。”王玉吉很自信，其实在这之前王玉吉的用工信息平台，从App到各系列公众号已经布局完成。如“平房大小事App”“平房大小事”微信公众号、“平房同城公众号”“平房速览公众号”“哈南人才网”等已经在开始运营。王玉吉说，他还准备再聘4名员工，扩大信息规模和市场挖掘开拓力度，同时要走进高校与高校合作，建立人才储备库。

●调研问答

左晓东：你认为你的核心竞争力是什么？

王玉吉：（以下是录音整理）能走到今天，我认为是靠运气、靠坚持、靠学习吧。比如说我，开头一年，不赚钱。你就想想，你是不是疯啦，不赚钱你还一天埋头干这玩意儿啊，还干了一年多，你靠的是啥？靠的是因为我喜欢。那我为什么喜欢呢？肯定是我的人生当中的某个际遇，激发了我对这个东西的热爱。当时运气不好，我就挺着，然后一直等到我这个开始发展了。当我要面临很多问题的时候，那我应该怎么去解决这个问题呢？一开始是凭直觉，然后撞墙，然后学习，然后解决问题。为什么愿意去学习呢？不学习不行啊，撞一脑子包啊！

左晓东：你怎么看待同行合作？

王玉吉：平房本身就是一个自媒体土壤贫瘠的地儿。有一棵树长起来了，其他的小树自然就吸收不到阳光雨露。你吸收不到阳光雨露也没关系，你要把自己变成一棵仙人掌，你也能活。有些同行又不创新，非得跟着我屁股后边儿，我做啥你做啥，甚至原封不动抄文章，那就没有办法合作。合作的前提是相互支撑、相互促进。不过，我还是挺自信的，我得做平房自媒体的“老大”。

●作者点评

王玉吉的成功经验

1. 平房区的城市规模及人群交际特点，使信息易于传播和聚集；

2.“平房大小事”在微信红利初期建平台并紧盯平房这个人群，做得准、做得专、不求大，只要准确的到达率，目标明确、目的直接这是成功的第一步；

3. 在内容上先期聚粉，利用国家的管理的空档磨合期，靠社会新闻淘得第一桶金；

4. 在发展过程中，逐渐调整方向以服务的小事立平台的根基，这是成功的关键；

5. 主动为政府服务，获取新闻信息资源，为区县融媒体中心做出了样本；

6. 组建团队收获了微信广告红利期；

7. 面对新媒体的新态势，能迅速转型建立新的服务平台和创收模式。

对王玉吉的几点建议：

1. 拥抱学习使用新的平台，善于抓住抖音、快手这类平台的红利期；

2. 创新在人，要了解新人、用好新人，在原有的基础上挖掘原平台的潜能；

3. 利用已经打造好的新媒体公司的基础，做平台的搭建运营等服务；

4. 在确保自己核心竞争力的基础上，寻求合作伙伴复制成功模式，开拓新的阵地和市场，即立足平房放眼未开发的资源。

十、有事儿找“友谅”

解鸣鸣，哈尔滨人，1981年出生。他是FM92.5哈尔滨广播电视台交通广播主持人，播音名叫友谅。“听众朋友，大家好，我是友谅，朋友的友，原谅的谅”，在哈尔滨FM92.5频道，大家经常会听到这个介绍。2015年，解鸣鸣以友谅的名称注册了自己的微信公众平台，并成了兼职的自媒体人。2004年，解鸣鸣入职电台工作，先当记者跑社会新闻，后来开始面对话筒。经过近20年的磨炼，现如今他已经成为哈尔滨一名优秀的记者和知名度非常高的主持人。

记者友谅

在我主持哈尔滨交通台工作期间，我要求每个人都要从记者干起，报路况、跑社会新闻、现场报道、解决车主难题、深度采访等，这是他们的必修课。

友谅很内向，初当记者的他独自跑外总有点张不开嘴，羞涩而腼腆。但是友谅办事很细心、认真、勤奋，交给他的选题虽然有时完成的慢点，但处理的有规有矩。友谅喜欢钻研，尤其对交通法律法规深有研究，对有些交通处罚的尺度有自己的见解。而这期间，他也通过为车主申诉，解决了多件处罚失当的案例，深受车主好评。当时哈尔滨交警动力大队，曾在文昌桥往动力方向下桥处在车内设立抓拍点，引起大批车主到电台投诉。友谅几次到现场实际观察采访，并多次与交警部门沟通，指出其中不合理之处，并反映了群众的意见。后来交警部门重新施划了标志线，撤销了不合理的处罚。2020年，友谅接到听众反映河松街与河源街交口是个不规则的三叉路口，很多驾驶员有点弄不明白河松街往前进路西二环上桥口方向到底应不应该看灯通行。这个问题引起了驾驶员的热烈讨论。节目后友谅多次到现场进行实地采访观察，发现这个路口其实就是一个不规则的丁字路口，驾驶员反映的这个方向应该看灯通行，否则不能保证过街行人的过街安全。了解情况后友谅立即联系交警支队秩序处进行沟通。交警支队了解到情况后到现场进行调研，决定对这个路口重新渠化改造，路边设置“所有车辆按灯停行标识”，将原来的直行地面标线改为右转标线，将原来的普通圆形信号灯改为左右转弯箭头灯。路口标志标线重新渠化调整后驾驶员能明确知道这个路口需要按灯停行。此次事件既保证了驾驶员利益的同时也保护了行人的通行权益。

就在今年（2021年），友谅在节目中接到了听众反映，西大直街与汉阳街交口地面标志为左转弯，信号灯为左转箭头灯，但是路口隔离带上又悬挂了禁止左转和禁止掉头的标识，驾驶员有点不知所措。驾驶员发来的照片不能完全展示路口当前的标志标线情况，友谅特意跑到这个路段了解情况后与交警部门沟通。第二天，冲突的标识标线就被进行了更改，地面标志改为直行，信号灯恢复普通圆灯，路口禁止掉头。每当哈尔滨有重大的限行绕行通告、主要繁忙路段通行方式调整等，他都会亲自到现场（见图5-19），弄清楚正确通行方式后按照通告给驾驶员绘制示意图，拍视频，手把手地教驾驶员应该如何正确选择路线。哪儿的信号灯失灵？哪儿的标志线有问题？哪个路口有违章拍摄……只要是哈尔滨的街路就没有友谅不熟悉的。有事找交通台，有事找记者友谅。当时不少司机车友都点名或直接来到电台找友谅帮忙解决问题。即使到现在，曾经当过交通总监的我遇到交通和车辆相关的问题也会第一个找到友谅，他的解答专业合理。用友谅的话说，当记者这些年他积累最多、收获最

图5-19　友谅在直播活动现场（友谅提供）

大，那种解决问题的成就感更激励他一直坚持在一线。可以说，友谅是一名优秀的交通记者。

主持人友谅

机会总是留给有准备的人。当时在编辑部，友谅是为数不多、对电脑特别熟悉而又操作流畅的人。当时驾驶员查交通违法信息还很不方便，大多数司机都操作不了。而每天通过电台热线咨询不断，编辑部决定开办一档栏目为车主解决难题，对主持人的要求是熟悉交通法规，熟练使用电脑。友谅是最合适的人选，采访之余友谅坐在了“司机热线”的话筒前。那是全台最火的热线之一，节目直播4部电话全部满线，短信不断刷屏，友谅也从生涩紧张到流畅自如。专业知识的积累让友谅越来越自信，对象感强、驾驭话筒的能力，逐渐形成了他独特的记者专家型的主持风格。随着节目的火爆，简单处理交通违法信息已经不能满足听众的需求。“有事请找925”这档重点栏目已经开始酝酿，友凉和另一名主播晓慧担起了大梁。这档节目是用全频率资源支撑的服务百姓、服务车主的民生类节目，要求是件件有回声，事事都处理。这对友谅又提出了新的要求。因为节目定位准确，服务到位，深受听众喜爱，两位主持人也名声在外。有事就找925，有事找友谅、晓慧已经成为当时车友的口头禅。这档节目也被黑龙江省新闻工作者协会评为“黑龙江省名专栏”。伴随着友谅的成长，编辑部决定让他们俩承担哈尔滨交广早高峰的主持工作。早晨7—9时是交通台收听率的最高峰，在哈尔滨上空十多个频率都在抢夺这里的听众市场。那几年哈尔滨是全国最拥堵的城市之一，交通台有得天独厚的优势。虽然我们哈尔滨交通台比省交通台晚开办了近10年，并且从资源、实力、投入和采编主持队伍等方向与之有差距，但我们依然拓展了自己的市场。我们的破解之道就是不做大而全，而是走专业化之路。节目专业化、主持人编采专家化，交通信息全覆盖，以交通特色服务赢得市场。当时我们的人力资源并不占优势，名牌大学科班毕业的少之又少，但是我们就像培养友谅一样培养了一批专家型、服务型主持人。比如汽车维修专家李江、汽车点评师谭峰、奕东，二手车评估师孙浩，家居建材顾问佳玉，还有晓青、潘蕾、延坤、舒畅等一大批对象型节目主持人。成本不高，队伍并不庞大，但每个人身后都是一群粉丝和车主。从“有事请找925”到“交广早高峰”节目，首先要处理好的是服务与伴随的关系。海量的信息，急切的需求，当时的节目基本上不会跟着文案走，而是紧跟不断传来的信息，救助、事故、疑问、堵车、嘉宾、路况信息员、记者连线等，这对主持人的现场驾驭能力和随机应变的能力是一个考验。当时晓慧干脆利落，友谅耐心周到，互补的性格起到了非常好的效果。后来晓慧调到其他频率，涵秋与友谅搭配成秋谅组合，“925早高峰”更是迎来了辉煌时刻。图5-20为友谅主播哈尔滨电视台的特别节目。

在那时，925微信公众号已经成为节目信息与互动平台，每天增长的基数、已经拥有90万的粉丝给节目提供了巨大的支撑和信息压力。涵秋奔放的风格、纯熟的技巧、优美的声音激发了友谅，两个人不拘一格行云流水，在每天粉丝们的互动下，在每一个早高峰和车友们一起在路上。当时只要主持人在节目当中提出任何问题，微信平台上都会有专业的解答。记得有一次路上下雪，两车追尾，当主持人谈到雪地胎、谈到侧滑时，一位听众居然像科学家一样解释摩擦力，听众的直播连线播出后震惊了我们所有人。主持人就在你身边，陪着你度过路上“难过”的时光，伴随而又实用是我对“秋谅”组合、“潘延”组合（早高峰另一对主持人）的基本要求。在直播间、在路上他们经常能给哈尔滨的车友带来惊喜。友谅和涵秋是个走在前沿的主持人，年轻而有激情，“大王带我来巡山”，白鸽的“咋的了”都成了他们节目中的题材。我作为听众也是从他们的节目中了解到最新流行和年轻人的所好。当时有人说，他们不能这么随便做节目，我说你们看下平台上的数据，看看通勤车到来的同事们是不是哼着他们的歌曲和不断向你要着他们自己

图5-20　友谅主播哈尔滨电视台的特别节目（友谅提供）

出的音乐专辑……那个时候是哈尔滨交通台的高峰，也是友谅、涵秋，潘蕾、延坤和所有925人的高光时刻。

自媒体人友谅

图5-21　友谅编辑自己的公众号（友谅提供）

友谅内向，认真还有些较真，有互联网人的性格，喜欢电脑、上网，是台内第一批微博、微信的使用者。2015年，哈尔滨交通广播电台的微信公众号已经在媒体类公众号中位于前列，势头强劲。当时我鼓励全编辑部的人也都注册自己的公众号，允许他们在大号的基础上公布自己的小号，节目过后为你的听众粉丝服务，这样可以向大号服务不到的触角延伸下去。友谅是他们所有人中最用心而又认真的。无论下节目，还是下班回家，他都发挥所长，认真解答处理每个车友的问题，采访推送反馈。几年时间友谅的公众号就汇聚了近10万车友。记者主持人的积累，天生对互联网的喜爱，勤奋好学的精神，友谅在工作之余成了一位兼职自媒体人。图5-21为友谅正在编辑自己的公众号。

●自述

我的自媒体之路

2015年，为了转换互联网思维，做多媒体与传统媒体方面的融合，当时领导要求频率所有主持人都注册自己的微信公众平台，在节目中可以宣传，作为自己节目的一块阵地。在经过慎重考虑后，我于2015年4月21日注册微信公众号：友谅（ID：youliang925）。因为我知道如果开始就没有结束，意味着每天承担正常节目任务的同时还要坚持更新自己的微信公众平台。

随着时间的推移，公众号的粉丝数量从注册第一天的15个人，一个月突破500人，49天突破1000人，70天突破2000人……到2015年的12月初粉丝数量已经突破20000人。其中2015年11月19日净关注877人，创造了纪录。当时很多人花钱或者想尽办法加粉丝，但我没有。我希望关注我微信公众平台的粉丝都是发自内心觉得有用才关注，用其他的方法关注了之后也可能取消关注，所以我对自己平台的粉丝质量很有信心。后来证明我当时的想法是正确的，现在微信公众号不仅考量图文的点击数量，更考量常读粉丝数量和阅读完成率等指标。所以因为从开始就打下的好基础，至今我微信公众号的活跃粉丝数量占比仍然很高。

开始的时候，我对于自己公众号的定位和方向是模糊的，只会做简单的文字和图片编辑，转发一些有意思的内容，配合节目写一些内容。后来我慢慢发现当时很多车驾管互联网业务刚刚出现，很多的驾驶员对这些当时的新兴事物很陌生，没有操作和使用过。于是我利用自己较丰富的电脑和互联网运用方面的知识给驾驶员写详细的教程，每一步显示什么页面用截图展示，每一步应该点哪儿用红框框出……教驾驶员如何运用互联网和手机App处理罚单、交罚款、办业务。当时微信公众平台很多现在的基础功能都是公众号官方根据你发布的内容是否优秀，一步步的邀请增加的。比如现在的原创保护功能，当时只有优质运营者才能受邀开通。幸运的是自己公众号开通半年左右就收到了官方的原创功能邀请，开通了原创功能。那时写的一篇教驾驶员在交管12123上处理罚单、交罚款的教程得到了广大驾驶员的认可，这篇原创的图文点击量迅速突破10万+。

有了这篇稿子的成功我也终于为自己的微信公众账号找准了定位和方向——聚焦车驾管，为驾驶员服务。驾驶员关注什么，想知道什么，我就迅速地进行写作和推送，后来又加入了车驾管知识答题等内容，都取得了很好的效果。公众号每天推送的图文条数也从最开始的一两篇，到后来的4篇，再到后来每天推满8篇。其实车驾管业务的内容也是有限的，不能总是给驾驶员发送重复的内容，到那时驾驶员将会失去兴趣；而且每天写原创或者找到8篇跟交通与驾驶员相关的内容也很难，那就加入每天的新闻热点。除了驾驶员关注的车驾管方面的消息再找一些本市或者当前的热点新闻。这一调整，整个就打开了思路，定位和方向更为准确——交通为主，热点为辅，紧跟驾驶员关注。

当时哈尔滨很多修路、修地铁的路段，交警部门发布限行、绕行通稿后各大媒体进行文字转发，有的媒体也制作了示意图，但是驾驶员看不懂或者很费劲。我发现想让驾驶员能看懂必须自己能看懂。于是我就利用自己丰富的车驾管方面的知识将路面的交通标志与地图结合，将重点调整路段用交通标志代替文字，这样的示意图一目了然，驾驶员一看就知道应该怎么走。而且示意图都是我自己在地图上找到调整位置，再往上添加交通标志。好几次我发通稿的时候都比其他媒体慢了很久，但是发出去以后很多驾驶员都留言："我就知道友谅一定会给我们画示意图，所以我一直在等你的推送。"所以，你的用心用户一定能感受到。自己的努力也没有白费，后来其他媒体也开始借鉴我的方法，将交通标志和地图结合，给用户提供更简单明了的示意图。

其实用户的心理是需要运营者去感受和琢磨的，之所以这么说是我自己的心得体会。前面说了，内容丰富后给用户提供什么内容这个是需要双方有一个互相磨合的过程。以前没发过的发一次试试看效果，效果好下次继续，效果不好换其他方面的。就这样慢慢地摸清了用户的爱好和习惯，现在在编辑稿件的时候甚至一看题目我就能知道我的用户能不能感兴趣。

还有一点就是现在的新媒体环境跟5年前不一样了。当年微信公众平台一枝独秀，很容易出现爆款文章。现在各种平台，尤其是短视频的出现，很多人可能只看一眼题目就决定要不要点开你的图文，这就给我们运营者提出了一个挑战。怎样起一个能让用户点进来的题目（当然这里说的不是"标题党"），几次尝试都很成功，转发的内容可能其他媒体已经推送过但是效果并不好，但是我觉得内容对驾驶员来说其实很重要，这时我换个题目效果完全不同了，阅读量也比其他媒体好了很多。

这几年微信公众平台的运营不如前几年那么容易，我的平台也遇到了粉丝增长缓慢的情况，甚至出现掉粉的情况。不过好在之前的粉丝都是真粉，活跃度和黏性都很高，所以总量还是在缓慢增长。不过通过不断地调整和测试，我发现，只要你能紧跟热点，为你平台的用户提供他们需要的内容，仍然可以吸引到质量好的粉丝。因为微信公众平台的图文属性是短视频平台不具备的，至少车驾管方面是这样。比如最近大家比较关注的10年之内的车验车的问题，微信图文和短视频我都做了，但是感觉短视频的效果不如微信图文。图文方式，你可以看表格文字反复对照，计算好自己的检车时间；而短视频一分钟就说完了，很难记住，需要反复观看琢磨才能弄明白，不如图文来的简单直接。所以各种平台各有优势和劣势，我们要充分地运用自己平台的优势为自己创造影响力，同时兼顾发展新的多媒体平台，多条腿走路，紧跟媒体融合大发展趋势。

●调研问答

左晓东：你的核心竞争力是什么？

友　谅：对交通法律法规的掌握较为熟练，了解驾驶员的需求，能将晦涩难懂的通稿转变为驾驶员能看懂的方式。

左晓东：你还会坚持下去吗？

友　谅：一定会坚持下去，并且在做好微信公众平台的同时将新媒体的触角向短视频延伸。最近西二环出入口调整、西大直街教化桥改造制作的几个指导性的短视频都产生了很好的效果。只有做好与新媒体的融合才能将传统媒体更好地发展下去。

●作者点评

友谅，80后媒体主持人、名记者、交通专家。公众号友谅（ID：youliang925）拥有10万车主粉丝，男女比例7：3，歌迷过万，平台日活量近万次，公众号图文视角独特、方式易懂。是深受市民喜爱，有料、有型、有温度的自媒人。

十一、在“互联网+”中掘金[①]

——牡丹江市新文创产业领军人物速写之景智篇

图5-22　景智获得荣誉（景智提供）

【人物轮廓】他是党员，是退伍兵，是有声读物大咖“贰飞”，更是全国规模最大的专业有声读物实业制作机构的负责人。不管角色如何变化，他都离不开家乡的热土。他的梦想就是把牡丹江有声读物产业做大做强，争创“中国有声书之都”。

“互联网+”改变了很多人的命运，景智就是其中之一。

17岁入伍，20岁入党，3年的军旅生涯，磨炼了景智坚强的意志。闲暇时喜欢在上网冲浪的他，敏锐地发现有声读物产业发展前景巨大，不仅果断地投身其中，还助力了家乡的新文创产业。

开创行业自主版权付费先河

景智声音条件非常好，属于老天爷赏饭吃的那种。2013年，他以“贰飞”的艺

① 本文由牡丹江市委宣传部提供。

名，加入到有声演播行业。很快，他就为喜马拉雅FM、懒人听书等专业有声平台录制有声作品。

景智的主播生涯走得非常顺利。2015年，景智签约懒人听书，成为懒人听书独家签约播音。2016年，景智的演播作品高达17余部，其作品连续三个季度被懒人听书重点推荐。一年后，他成为“懒人听书听众票选十大有声主播冠军”。

这一年，我国有声读物行业进入蓬勃发展时期，景智以军人敏锐的目光，发现这个行业拓展空间巨大，果断地完成了从主播到经营者的角色转换。2017年7月，他的首部自主认购版权在懒人听书上架。尽管地处东北边城，他依然领有声行业的风气之先，开启了有声行业自主版权付费的新时代。图5-22为景智获得荣誉。

迈出自主创业的第一步

首部自主付费版权取得了成功，而对于来说景智，仅仅是一个开始，他要把有声读物做成产业。2017年11月，在牡丹江市和西安区的大力支持下，牡丹江贰飞文化传媒有限公司正式运营，这是全国规模最大的专业有声读物实业制作机构，也是景智迈出了自主创业的第一步。

经过了半年时间的努力，从2018年开始，牡丹江贰飞文化传媒有限公司以“贰飞文传”为账号开始进驻各大有声平台，迅速取得了不斐的成绩。至2020年年底，“贰飞文传”制作的有声读物在全网的点击量已超过50亿。

公司初立，景智的工作非常繁忙，但他并未因此放弃自己的有声演播事业。2018年1月，景智再获“懒人听书十大有声播音”冠军。同年6月，景智策划了“最美牡丹江”挑战赛。这是民营企业首次牵头牡丹江市短视频宣传，首部抖音作品无包装推送当天便实现300万浏览量。

在更高平台提升梦想

一个人能拉动一个行业吗？这个看似不可能完成的任务，在景智手里渐成现

图5-23 景智录制有声书（景智提供）

实。他在黑龙江幼儿师范高等专科学校成立了有声兴趣小组，为有声行业的发展壮大打下了根基。2018年11月，景智被该校聘请为客座教授，还被牡丹江人社局聘为“创业导师团”导师。在他的带动下，牡丹江市有声书录制工位现已达到120个，从业人员近300人，为喜马拉雅、懒人听书等有声读物平台每年提供作品近20万小时。图5-23为景智录制有声书。

2019年，受到政策调整影响，平台上许多有声读物下架，这对新生的“贰飞文传”是巨大的打击。但景智没有气馁，而是迎着困难带着大家继续往前走。同年，贰飞文传阜新分公司成立。他对未来有了更新的规划，那就是要将牡丹江市打造成“中国有声书之都”。

2020年5月，刚刚复工不久，景智就成立了《“战疫”微光》大型系列广播剧项目组。他用自己最擅长的方式向人们宣传抗疫英雄们的故事。而且，这部广播剧免费上架，是完全公益的项目。

时光荏苒，“贰飞文传”成立已经3年。这3年中，景智完成了从普通人到企业家的“转变”，“贰飞文传”也迎来了越来越好的发展……

● 景智简介

艺名：贰飞

中国共产党党员

牡丹江贰飞文化传媒有限公司董事长

牡丹江市2016—2018年度劳动模范

牡丹江市人社局“创业导师团”导师

牡丹江市“青年拔尖人才”

黑龙江幼儿师范高等专科学校客座教授

国内著名人气有声小说演播家

懒人听书2016—2019年度十大有声播音

●行业经历

2013年3月，初涉有声演播行业，迅速在同行业内获得认可。

2014年10月，接受平台邀约认证，在懒人听书及喜马拉雅FM录制有声小说作品。

2015年11月，正式签约成为懒人听书独家主播。

2016年全年，演播作品高达17余部，作品连续三个季度被平台重点推荐。

2017年1月，荣获懒人听书2016年度最受欢迎主播冠军。

2017年4月，成为全国首位自主认购版权的有声主播。

2017年8月，经营企业“贰飞文传”成为黑龙江“互联网+”重点项目企业。

2017年9月，第二部自主认购版权作品上架懒人听书。

2017年11月，受邀参加全媒体有声读物互联网应用高峰论坛。

2018年2月，荣获懒人听书2017年度最受欢迎主播冠军。

2018年5月，“贰飞文传”品牌入驻喜马拉雅FM企业账号。

2018年6月，策划“最美牡丹江”挑战赛，民营企业牵头牡丹江市短视频宣传，首部抖音作品无包装推送当天实现300万浏览量。

2018年8月，第三部自主认购版权作品全网上架。

2018年12月，第四部自主认购版权作品全网上架，目前正在更新。

2019年1月，荣获懒人听书2018年度十大最受欢迎声咖。

2020年1月，荣获懒人听书2019年度十大最受欢迎主播。

●主要作品

网络科幻大作《异常生物见闻录》；著名作家蛇从革力作《翡翠帝国》；讲述中国传统文化《玉皇大帝全传》《灶王爷》；人气网络小说《赘婿当道》等。

●自述

景智，中共党员，现任牡丹江贰飞文化传媒有限公司法定代表人、总经理，2016年、2017年、2018年“牡丹江市劳动模范”，2016—2019年度懒人听书十大有声播音，黑龙江省幼儿师范高等专科学校客座教授，牡丹江市第二届“青年拔尖人才”。2019年9月，他被牡丹江市人社局聘任为市级创业导师。2019年12月贰飞文化传媒有限公司被牡丹江市人社局认定为牡丹江市大学生就业见习基地。

1998年，景智响应国家号召参军入伍。2001年9月加入了中国共产党。2003年景智退役后，一次偶然的机会接触了有声书播音领域，探索寻求到了人生方向。经过两年的不懈努力，2015年他以“贰飞”为名进驻喜马拉雅FM、懒人听书。

2015年11月，景智与懒人听书签订两年的独家演播协议。2016—2017年，景智在懒人听书共出品了19部作品，创造了两次以不足三百集的腰部IP中篇付费有声作品怒刷破亿收听率的纪录，这个纪录至今仍未被打破。他更是连续两年蝉联“懒人听书十大最受欢迎主播”的冠军，被誉为“懒人一哥”。

在牡丹江市委市政府、西安区政府的支持和关怀下，景智开始大规模打造专业录音棚，力求为更多热爱有声传媒行业的人创造展示平台，2017年11月，华语地区最大的有声读物制作实业机构——牡丹江贰飞文化传媒有限公司正式运营。

目前，“贰飞文传”已为有声及配音行业培养输送了数十位优秀的有声小说播讲主播人才。

“贰飞文传”成立之后，景智致力于将其建设成全球最大的“有声读物”制作机构，将牡丹江打造成“中国有声书之都”。自2018年下旬“贰飞文传”进驻喜马拉雅FM，在短短两年内，取得了喜马拉雅FM总榜第15、机构榜第3的成绩，同时也是喜马拉雅FM连续月度优秀机构。截至2020年下旬，公司出品的作品全网点击量已达50亿。而景智也在2020年8月被牡丹江人社局评为退役军人创业典型。

景智对牡丹江具有十分浓厚的家乡情怀，也立志为牡丹江的发展作出更多贡献。所以，在“贰飞文传”成立之后，景智一直在与各大院校合作，为解决大学生就业问题尽一份力。他在黑龙江幼儿师范高等专科学校创办有声读物兴趣组，为大学毕业生创业、就业提供良好的环境，并吸纳多名退役军人及残疾人就业。他热衷于社会公益事业，向牡丹江市新星小学捐助乐器，累积金额1万元。捐助牡丹江市4名家庭特困生，累积金额8万元，并积极参与各项社会捐助、捐赠活动。

2020年新冠疫情暴发，景智一直心忧国难，却无奈不能亲赴一线。为了弘扬社会主义核心价值观，展现中国人民众志成城、齐心抗疫的风采，景智专门成立了《战“疫”微光》大型系列广播剧项目组，誓要把英雄事迹传遍人间。

得知这个项目后，省、市领导都非常重视。在他们的支持和帮助下，《“战疫”微光》大型系列广播剧已成功申请黑龙江省重点精神文明建设专项引导资金。目前项目已制作完成三分之一，将于2021年在各大平台全面上线。

景智还积极推动互联网新兴产业的影响力，并计划打造属于自己的有声读物平台，同时建立有声读物矩阵。在自主有声读物平台创建完成后，他会与各大平台达成合作，使用一种有声读物共享的模式，使有声读物的分销结构成为矩阵状态。这其中不仅仅包含有声读物平台，也包括了微信公众号、酷狗音乐这种综合性自媒体平台。

“贰飞文传”是全国乃至全华语地区最大的专业有声读物实业制作机构。公司旗下的有声播音皆为按照国家法律签署劳动合同的全职播音。而且因为公司有完善的质量审核流程，所以出产的作品质量高、稳定性强与产出时间短。这是以线上为主的个人播音或者小规模工作室所无法比拟的。同时，“贰飞文传”还有全面的培训课程，讲师面对面授课的方式和现在各大平台所用的音频方式培训完全没有可比性。面对面授课的全面性以及学员随时能够询问讲师得到的辅导是平台培训课做不到的。另外，“贰飞文传”的品牌效应在有声行业内也是首屈一指，实业机构的运营模式从结构上就优于线上模式。

对于所有行业来说，人才永远是关键。都说不拘一格降人才，但无论传统行业还是新兴行业，对于从业人员自身条件，例如：学历、年龄、身体状况等因素都有着很大的限制。而相比于其他行业，有声行业却有着一定的特殊性。它对于各种限制从业的因素要求较低，普适性更加广泛。任何人，即使低学历甚至是残疾人士都可以在有声行业内实现自己的价值。让那些自身条件较差的人感受到“天生我材必有用”，真正的实现“不拘一格降人才”。而且针对性将人才的培养为一专一能，也可以达到在专业领域培养专业性人才的效果。

现如今，“贰飞文传”已经在有声行业确立了自身的地位。下一步公司便打算建设自己的App听书平台，做到自身产供销一条龙的同时，将东北地区有声产业的影响力扩大。

在自有App建立成功后，公司可以使东北地区成为有声产业产供销一条龙的核心区域。通过互联网，可以将这种影响覆盖至全国。又因为有声读物内容的涵盖范围广泛，因此可借由平台达成对东北历史、旅游、文化、自然资源等方面的宣传，让人们更了解东北的情况，带动东北地区经济的发展。其产生的经济效益与社会效益都是不可估量的。并且在未来，“贰飞文传”将以自己的有声平台为基础，链接各大有声平台及自媒体平台，尽全力打造一个有声读物矩阵。整个矩阵将把所有的有声平台串联起来，其内容无所不包，使得各大平台互通有无。在这种情况下，公司可以带动各大平台对东北地区进行宣传，这会对东北地区的发展产生巨大的影响，从而带动东北各行业的发展。最显著的便是可以大幅度提升东北地区尤其是牡丹江的经济总量及税收。

未来“贰飞文传”将继续推动有声产业的发展，使其更加行业化、规范化。与此同时，“贰飞文传”也会继续培养新的优秀有声人才和产出更优秀的作品，以扩大在有声产业的影响力。

十二、喜马拉雅里的“捉鬼人”

走进喜马拉雅，“雨凡有声”赫然榜上。喜马认证：有声书独家签约主播。个人简介：职业说书人。百变声君，雨凡（见图5-24）。雨凡的粉丝是51.1万人。在雨凡的主页上，《我老板是大佬，爆笑捉鬼》播放量是2920.9万，《这个道士有点水》是1288.9万，共有9部有声作品展现，播放量近亿次……雨凡的标签是，一个专业电台主持人，给你讲逗比搞笑鬼故事。打开试听音频，雨凡声音淳厚、低沉，有王刚“夜幕下的哈尔滨”的感觉，又有哈尔滨电台著名小说演播家岳峰（岳鸿儒）的味道，是典型的有着东北特色与标签的播音员。

雨凡叫崔胜禹，哈尔滨人，1979年出生。2020年10月前在哈尔滨电台音乐频率，交通广播做主持人，主持“松江茶馆”“凡人笑语”“食神驾道”“925路上嗨段子”等节目。2020年10月离职，现在是喜马拉雅签约说书人，专职自媒体人。

图5-24　工作中的雨凡（雨凡提供）

我和雨凡没有工作上的交集。我主持哈尔滨交通广播电台时他在哈尔滨音乐频率；我离开交通广播一年后，他到交通广播做了两档节目，直到离职。雨凡个子不高，人很谦和，见面总是叫我左老师。在我眼里他有东北小品演员的特征，偶尔在收音机中听到他讲的笑话，有话简感，很亲切，给我的印象就是有点“俗”、有点痞。后来我离职到高校，研究自媒体人，偶然听人说雨凡一直在喜马拉雅录音，而且听众很多。有一次我做汽车保养，汽车修理师傅一个90后的孩子一边干活一边用手机听着鬼故事，这个讲故事的人就是雨凡。我问这个小师傅听多长时间了，他告诉我已经听了好几部书了，而且是花钱听的。当知道我曾是电台的人时，他开始向我打听雨凡，说他喜欢雨凡老师……从那一天起，我开始关注这个一直在我身边，曾和我一起共事16年而被我“忽视”的小个子主持人雨凡。

艰难求职

和雨凡约了几次，之前他开车带着爱人孩子去了海南。回到哈尔滨颈椎病又犯了天天按摩。着急赶稿，我们俩用电话聊了近两个小时。雨凡很善谈，思路也清晰，他讲的成长故事，深深地触动了我。当我放下电话，认真梳理雨凡的经历时，我想当我担任频率把关人时，是否能听得下雨凡们或者给他们以机会听他们讲他们的向往和他们的主持播音情结。

雨凡出身在一个普通的工人家庭，念完初中就开始了打工生涯。初中毕业到建筑工地打工，18岁考取驾驶证开中巴车，2000年到广州干了两年，后来又回到哈尔滨当服务员。他是在和姑父一起开出租车期间开始喜欢上电台的。当时他听958黑龙江音乐广播的节目，他是热心听众，经常参与节目和电台的各种活动，是电台里的一个“小红人”。在一次电台组织的二龙山旅游活动中，当主持人毅峰问雨凡想没想过当个主持人，雨凡回答：“我可以吗？”就是这句话，让雨凡开始思考起他的未来，这是藏在他心里从来不敢拿出来的梦想！

说干就干吧！仅有初中文凭，没有主持经验，仅凭爱好怎么实现梦想？学习，参加各种培训班，自己在家练，看电视只看广告学声音。2003年，雨凡参加了首届全国网络电台主持人大赛，凭着他对话筒的感觉，得了第二名。之后，他又在搜狐网络电台、碧聊网络电台、佛山网络电台、天网调频FM880做网络电台主持人。就在这一年，黑龙江音乐广播面向全省招聘主持人。凭着网络主持人第二名的成绩，雨凡在几百名竞争者中进入了前5名。遗憾的是只录取3个名额，雨凡与省音乐台失之交臂。可这更加坚定了他做主持人的信念。

2004年年初，哈尔滨电台申请了中波试验频率927，开始面向社会招聘主持人。雨凡入围了，可是按照台里的规定，门坎是专科学历，初中的毕业文凭不能入职，只能当个临时聘用人员。即使这样，在第一次人员调整中，雨凡也被告知，因为没有适合他的节目，暂时不能聘用，等到年底开办新节目才能考虑。当时的总监是刘宏伟，雨凡只能回家等待。这期间他用原来开出租车的积蓄继续学习，上各种播音主持班，参加培训、沙龙。

时间到了2004年12月，哈尔滨台以927中波试验频率为基础，又申请了调频90.9的频点，准备开办哈尔滨音乐广播。雨凡得到消息后，马上跑到台里，用他自己的话说，决不能错过这次机会了。12月的哈尔滨很冷，他穿上绿色的军大衣来到文政街2号，每天早晨等着刘宏伟总监，希望他能注意到他，希望能兑现对他的承诺。整整等了7个早晨，雨凡终于来到了刘总监的办公室，也终于走进了电台直播间的大门。尽管他的身份只能是临时聘用人员，而这一干就是16年。

就爱这个话筒

从电台传出去的声音是神秘的，许多人都曾经向往过、询问过。可走进这群人，他们却是平凡而又辛劳的。当一个电台主持人能不能养家糊口？这对雨凡却是个问题。尽管已经有了自己的节目，尽管“凡人笑语”已经在哈尔滨小有名气，但是雨凡从2004年年底进入电台，每个月只有400元的工资，因为他的身份只是临时聘用人员。

你靠什么维持生活？雨凡告诉我，他当时住在朋友家，蹭吃蹭住，其余时间就待在台里。刚开始是争着抢着上节目，有了稳定的节目又帮助编辑部录版头剪辑素材。他说，只要进到直播间，他就特别开心；只要面对话筒，他就那么自信。所有的事情都可以不考虑，他就喜欢在话筒前的感觉。他爱这个话筒，爱这份职业。

到了2010年，雨凡的工资涨到了800元，小有名气的他也接点主持婚礼的活增加收入。他对我说，其实他挺满足的，因为他还在话筒前。而就在这期间，杭州交通广播的董总监也给他发来了邀请，给他买了机票，雨凡偷偷跑去试了音。总监承诺的年薪10万，但必须实习3个月，这让雨凡打了退堂鼓。福州交通广播还有省台都递来了邀请函，雨凡还是留恋着他的直播间。他说尽管工资低点，但对这里太熟悉了，有感情，离不开了。

2014年雨凡结婚了，电台工资已经涨到了1200元，加上外面的主持收入已经可以维持正常的家庭生活。2019年，台里终于落实了雨凡的企聘身份，可是电台的效益却日渐下滑。这期间雨凡开始涉足新媒体领域来弥补收入，直到2020年10月，雨凡正式离职。雨凡告诉我，其实他不想离开，因为他喜欢做节目，他眷恋着他面前的话筒。他说，只要让他做节目，即使一分钱不给他也可以坚持。当时台里要求，主持人做完节目不能离开台里，要坚持8小时工作时间，而他当时已经开始在喜马拉雅录节目，时间实在没法保证，权衡再三，他终于选择了离开。

进军新媒体

新媒体发展初期，传统媒体的内容创作者、主持人都是新媒体平台抢夺的资源。而一大批传统媒体人或离专从事新媒体或者兼职进入新媒体平台。作为曾经的网络主持人雨凡是最早一批试水新媒体的传统媒体人。

2017年，雨凡开通了映客直播。在直播间，他凭借多年的主持经验和风趣幽默的主持风格，人气越来越旺，收入也水涨船高。2017年进入喜马拉雅，从2017年一年的三四十万一直到2019年年收入过百万，雨凡终于在新媒体平台的红利中，体现了一个执著于话筒的传统媒体人的价值。他15年主持生涯的积累以这种方式得到了回报。而此时，喜马拉雅的“星探”们也关注到了雨凡，娱乐版直接要和雨凡签约，让他当段子手。而在2018年，雨凡就用业余时间录制了他的第一篇鬼故事小说《阴阳鬼厨》，在不到一年的时间里，下载播放量超过了亿次。再三考虑下，雨凡还是决定放弃娱乐路线，他觉得段子手的内容早晚会枯竭，那条路不会长远。而随着《阴阳鬼厨》的热播，雨凡决定走说书人的路线，讲搞笑鬼故事，针对年轻人的群体，轻松、刺激、悬疑，空间会很大。当时雨凡已经积累了20多万的粉丝，加上过亿的下载量，收入也相当可观。图5-25为雨凡录制的有声书目录。

雨凡有声书

专辑名称	更新进度	亮 点	备 注
我老板是大佬	1840集（完结）	主播强推	VIP精品
最后一个阴阳先生	998集（续更中）	恐怖悬疑	VIP精品
半夜快递员	501集（续更中）	悬疑灵异	VIP精品
祖奶奶，救我	642集（完结）	爆笑播讲	VIP精品
这个道士有点水	368集（完结）	爆笑播讲	VIP精品
我在仙界捡废品	1045集（即将上架）	都市爆笑	免费畅听
至尊全能系统	456集（续更中）	精品双播	VIP精品
岁月有张凶手的脸	113集（完结）	极度烧脑	VIP精品
最强黄金眼	2979集（即将上架）	都市爽文	VIP精品
全民修仙世界	483集（即将上架）	玄幻修真	VIP精品
最强食神奶爸	298集（即将上架）	暖男奶爸	VIP精品
千王之王（第一部）	115集（完结）	都市爽文	免费畅听

图5-25　雨凡有声书目录（雨凡提供）

2019年雨凡遇到了版权问题，《阴阳鬼厨》不得不在喜马拉雅下架。看好有声市场未来的雨凡，开始自己投资购买版权，然后再录制自己的声音版权。按照这个操作模式，雨凡有声的鬼故事系列，终于在喜马拉雅上越来越有了名气。到了2020年初，雨凡的粉丝已经超过了40万。喜马拉雅也终于主动找上了雨凡。2020年4月，雨凡成为喜马拉雅的签约说书人，可专职录书获取收入还可以与平台分成结算。

用声音创造未来

喜马拉雅签约说书人分成B、A、S三级。初入门是B级，每个月竞争由喜马拉雅提供的有版权的录制书目，收入与录制篇目的多少和下载播放量挂钩。雨凡凭借他的实力和不断攀升的下载量，没用6个月时间就升到了最高的S级。从当初B级被作者选，到S级自己挑作者，他的作品也积累到近万集，收入也开始稳定下来并逐渐攀升。2020年10月，已经离职的雨凡正式开始了他专职自媒体人的生涯。

7点30分起床

8点送孩子去幼儿园

8点30分开始在家里的直播间录音

12点吃饭休息

13点开始录音

17点接孩子吃饭

19点开始录音

22—24点开通直播与粉丝互动

次日凌晨1点睡觉

这是雨凡一天的生活作息时间表。

2020年雨凡签约喜马拉雅之后，他的爱人也辞去了原来的工作，专门帮助雨凡剪辑处理音频作品（见图5-26）。雨凡的家也被装修成了专门的音频工作室（见图5-27）。

图5-26 雨凡夫妻齐上阵（雨凡提供）

图5-27 雨凡家里的音频工作室（雨凡提供）

在谈到未来的打算，雨凡认为随着声音作品版权问题的逐渐规范，有声作品未来会像视频一样，付费收听将成为一种趋势和必然。而且每天不断增加的关注量，让他越来越坚定做好声音产品的信心。雨凡认为，声音市场才刚刚开始，像他这样的内容创作者一定会有更大的发展空间。

当雨凡走出哈尔滨广播电视台他曾经工作过16年的地方，他决定开车带着妻女和他的录音设备出门走一走。原来的工作性质，他很少出门，这回终于可以陪着孩子和爱人去寻找诗和远方了。一路向南，不舍的背后是必然的离开，青春不再，记忆永恒，坚守和情怀让他走到了今天。他边走边录，一直开车到了海南岛，每一个住过的小屋都留下了他在喜马拉雅的声音。

会不会离开哈尔滨？他说，他开始选择了苏州，他想再多录点作品，如果每个月能保持在10万元以上的收入。以后，再考虑……

●雨凡简介

初中毕业后曾在建筑工地干活，后来做过洗浴、饭店服务员。

1997年，考取驾驶证，开中巴面包车。

1997—2000年，开过中巴、出租、翻斗车、公交。

2000—2002年，广东东莞，香港法兰堡贸易行（红酒公司）做销售。

2002年，回到哈尔滨开出租车并喜欢上电台。

2002下半年—2004年，一直在网络电台做主持人（当时没有工资）。

2004—2020年，哈尔滨广播电视台。

2016年，蜻蜓FM。

2017年，接触网络直播、映客、喜马拉雅。

2020年10月，正式辞职并签约喜马拉雅独家有声书主播。

● 调研问答

左晓东：你认为未来人工智能（AI）会抢你的饭碗吗？

雨　凡：AI很可怕的，产出量太大，没有错误，现在有些成熟的AI不仔细听已经听不出来是机器人了。但是AI的声音也是有版权的，曾经有人找过我，要把我的声音录进AI，被我拒绝了。我觉得AI再厉害也是机器人，尤其是我们在录制某些小说时，里面的人物对话、语气和情绪是AI现在还做不到的，包括一些方言等。也许AI会抢了我的饭碗，但至少现在还不会。

十三、创业者客滨

人物简介：客滨，1976年生，中共党员。1997年加入黑龙江法制报社任记者、编辑。2001年加入东北网，曾任事业发展部主任。2008年创办优仕网。2012年创办哈考网，现任哈尔滨陪他学教育科技有限公司总经理。公司主要维护运营自媒体平台哈考网，旗下微信矩阵拥有订阅家长60余万，是黑龙江教育领域影响力最大的自媒体。同时兼任哈尔滨市青少年发展研究中心素质教育委员会副主任、哈尔滨市南岗区青年创业导师。

如果说在哈尔滨哪个行业的自媒体影响力最大？那么“哈考网”应当担得起哈尔滨教育行业的领军者。孩子的事比天大！在哈尔滨只要是个家长，就没有不知道“哈考网”的，从小学到初、高中，甚至是幼儿园的家长们都熟练的使用关注着“哈考网”的公众平台：升学、考试、名师、学区、学校、补课、试题、卷子……只要你关注，“哈考网”会给你个答案。

在我采访的自媒体人中，客滨算是最相熟的，同是记者出身，多了几分理解与亲近。每次畅谈都意犹未尽，有共同的语言，有共同的见解，还有共同的关注。客滨是70年代生人，从记者到打工者，再到自媒体创业者，他可谓大气晚成。他从工作到创业一直接触两条线：互联网和教育。当2013年年底，他面临是否退出的抉择时，两条线重合后的市场力量与空间，让他的坚持和坚守终于有了回报。

客滨的互联网基因

面试篇

在《法制日报》当记者时，客滨就喜欢上网。他建立了论坛，联众的打扑克，三打一，他是版主。当时有1000多人，用他的话说，他天生就喜欢，进去就能整明白。2001年，黑龙江建东北网，面向全省招聘工作人员。尽管客滨不太符合当时招聘的基本条件，但他确实不想错过机会。在他的坚持和努力下，客滨终于等到了面试环节。在面试现场，客滨发现，进去的候选人几分钟就出来了，他多少有些紧张。终于轮到他了，将近一个小时，面对其他候选人惊诧的目光，客滨告诉陪他面试的朋友，稳了！在面试现场，一大批考官一直在和他探讨，在网上你是怎么管理1000多人的大群的？

东北网篇

2001年5月，客滨入职东北网，成为第一批的开办元老。从编辑部到事业发展部到龙网公司，客滨几乎干到了每一个岗位。东北网让他如鱼得水，出色的执行、策划、运营能力和业绩深受领导器重。客滨告诉我，在东北网他不在意工资多少，也不看重职位的升迁，他最大的收获是通过东北网这个平台接触到了全国互联网的发展前沿。担任事业发展部主任期间，他几乎走遍了全国，参加了每一次互联网高峰论坛，腾讯、新浪、网易、搜狐、淘宝，客滨和这些大佬们都有过交集。客滨说，在我国互联网高速发展的时期，他是参与者和见证者。在客滨写的自己的文章里他说错过了几次成为千万富翁的机会。客滨在接受我采访时还怀念着几百个互联网人聚在一起，指点江山，畅饮未来，那其中已经有一大批人成了中国互联网的巨人。客滨说，在东北网他加深了对互联网的理解，创业已经不是冲动，而是他的人生目标。

“优仕网”篇

在当时互联网有一大批投资人，客滨的经历迎来了他的第一个投资伙伴。2017年客滨就已经向东北网递交了辞职申请，当时东北网正承接大学生冬运会项目，客滨是负责人，领导让他必须完成这个任务才能离开。2008年，客滨加入了“优仕网”，这是一个公务员考录平台。在线管理、答题、评分，还有申论的网评软件，这些对客滨来说轻车熟路而又游刃有余。当时他们先开发的是黑龙江市场，流量反馈都非常好，就是变现难。网站每天都在支出，却没有收入。2009年年底，投资人问客滨能否开发全国市场，什么时候有收益？如果开发全国市场，投入太大，收益有点遥遥无期，客滨感觉到了投资人的动摇，他决定放弃。客滨回忆他的第一次创业，觉得再做全国市场他有点力不从心，而且管理团队也是他的弱项。他决定去学习。

卧底就业

管理上出问题就去学管理。客滨上网查了哈尔滨知名企业，就去人和集团吧。2010年，客滨决定重新开始。他向人和集团新媒体事业部投送了删减的简历，删去他之前的从业经历，只说自己是互联网人。他如期入职，客滨告诉我，他不在乎钱，就是想从头干起，看看公司是如何运作的。在一次总部来人部门主管主持的互联网媒体平台搭建会议上，客滨终于忍不住提出了他的思路和建设路径，这在当时震惊了所有人。会议过后，新媒体主管找到他，告诉他可以离职了。他在这个部门只干了两个月。因为他在新媒体部的表现，来听汇报的总部领导后来到了别的企业，找过好几次客滨，希望他能去他那就职，都被客滨拒绝了。第二次投简历客滨如实地写下了自己的经历，还是人和集团下属的另一个部门，网络部主任。入职后，客滨迅速搭建好平台，工作进入正轨。可是在一次网络视频会议上听完领导的部署客滨笑场了，当他指出网络发展思路后，第二天客滨被要求离职，这次应聘也是两个月。道不同不相为谋，管理没学上，客滨决定还是自己创业，干自己的老本行！

从QQ群到“哈考网”

在东北网工作期间，客滨就主持开办了教育频道，当时的阅读量仅次于娱乐和新闻类频道。第一次创业“优仕网”也和教育相关。客滨深深地知道教育市场的需求和潜力。因此再次创业时，他把目光聚焦到了中考生，对象集中明确，这个他有把握，先建QQ群找初四家长。招了两名编辑，在朋友公司借了3个卡位，凭借多年的经验客滨迅速组建了第一个中考家长群。建社区、发资料，联系老师与家长，互动，QQ群一个满了再建一个，再满再建……到2011年6月中考前和客滨互动的家长达到了3.5万人。中考结束，客滨本想歇歇，可是这3万多名家长并不想离开，于是又有了初三群、高一群。到了2012年下半年的时候，客滨他们3个人已经管理不过来这么多家长群了，群里的资料经常没法处理和更新。这时客滨又干起了他的老本行，办网站，“哈尔滨中考网”正式上线，BBS论坛也同时发声。真是一呼百应，家长们迅速进入了新平台。从QQ群到网站，客滨说，是家长们一直推着他往前走，停都停不下来。他说家长们太可爱了，组织资料，组织线下活动，找老师、借场地甚至是签到单和笔都是家长们想办法准备的……网站越来越热，中考前经常几千人在线，服务器经常死机，客滨不得不到处借空间。客滨总结那时候就是一句话，停不下来！中考火了，高二、高三的家长也加入进来。面对新的需求，2013年中旬，“哈尔滨中考网”更名为“哈考网”。2014年下半年，“哈考网”系列公众号开始运营，有20万家长关注。2017年，“哈考网”PC端和BBS论坛正式下线。

再给我一年时间！

2011年，客滨再次创业，没有了投资人，钱只能自己拿。地方是借的，雇的人得开支，还有设备空间。而当时建QQ群没有收入。那时客滨每个月从家里拿5000元钱，只够两个编辑的费用。2013年网站要上线，客滨偷偷地把家里人给他买的保险卖了凑了2万元，加上父亲给的2万，“哈尔滨中考网”算是勉强开通了。到了2013年年底，客滨的父亲、母亲、岳父、岳母，就连一直支持他的爱人也都跟他谈判，能不能找个工作上班，再这样下去就坐吃山空了。“我只要一年时间，再不成我就找工作”，客滨和家里人下了保证书。回忆起那段经历，客滨也是感慨颇多。每个月从家里拿钱，还有个小孩，不仅是经济压力还有心理压力，当时向家人保证的时候真是那么想的，再干一年真没起色就去上班。

有几次客滨都想把网站关了，家长们也知道他们群主的困境，有心的家长每天都号召群里的家长们去网站打卡、点击广告。先期效果还行，后期被发现是同一IP，分成广告也给关闭了。

转机是在2014年年初，“哈考网”已经小有名气。哈尔滨一家教育机构，看好“哈考网”让客滨去商量广告投放事宜。客滨做了精心的准备，来到了这家机构。当时副校长把他领到了会议室等待，校长要亲自和客滨谈。这时旁边的屋里校长正在接待互联网公司的人，商量学校如何建立网站。校长送走了客人后，开始接待客滨。听到他们谈话内容的客滨并没有介绍“哈考网”，而是和这位杜校长谈起了应该如何建网站。客滨说，他又犯了打工时那个老毛病，说起网站来滔滔不绝。他们谈了差不多一个小时。校长听完后，第一句话就是，你能不能到我这来？之后谈到广告投放，客滨小心谨慎地报了一年3万元，没想到校长一口答应而且是一次性付款。我问客滨，当时是不是觉得要少了？客滨说他的网站就值那么多钱。而从这一条广告投放之后，客滨陆续接到了其他机构的广告订单。到2014年年底，网站广告收入达到了30多万。客滨终于不用再去找工作了。

微信公众号的上线不仅让家长们有了新的阵地，也解决了客滨网站管理的难度，网站上经常有个别家长过激的言论来不及处理而遭到管理部门的关注。到2017年网站关停之前，“哈考网”的系列公众号已经全部承接了原来网站上的家长群体和广告资源，而且继续扩大了市场规模。“哈考网”在自媒体教育平台中开始独占鳌头。

●调研问答

左晓东：你的核心竞争力是什么？

客　滨：每年6万的考生家长是我的核心资源。对内容的深耕，资源上的整合，不断创新的团队，忠实的客户。

左晓东：你怎么看待同行的合作？

客　滨：希望有序竞争，希望良性循环，一起做大市场。

左晓东：你怎么看待人才问题？

客　滨： 招人难，人员没有稳定性。

左晓东： 未来打算？

客　滨： 建立教育资源人力平台，做好招聘平台。

左晓东： 如何看待新媒体平台的冲击？

客　滨： 不是哈考的阵地，我的用户群和生态在微信不在直播。未来用好视频号，开发小程序。

●自述

不断跟随时代奔跑

时光荏苒，见证芳华。2018年，是我国改革开放40周年，也是我走上工作岗位的第22个年头。从报社记者、网站编辑到新时代自媒体创业者，我有幸身处祖国波澜壮阔的改革进程中，见证了传媒行业翻天覆地的变化，感受到创业环境的不断改善，也憧憬着新时代更加幸福的生活。

我出生于1976年。1997年，受在报社工作的父亲影响，刚刚大学毕业的我进入了黑龙江法制报社，成为一名报纸的组版编辑，每天用计算器、格尺、铅笔将记者们的稿件排入报纸版面。那时记者的稿子都是手写的，要由人工统计出字数，画版后再交给总编室用电脑排版。总编室的微机房有四五台电脑。在那个时代，电脑可是稀罕物。每天借着送排版纸的机会，我常常泡在那里跟微机员偷师学艺。这是我与电脑的最初接触，也让我与电脑结下了不解之缘。

1998年，百年不遇的特大洪水肆虐中国，嫩江、松花江流域也一度告急。当时，刚刚担任记者的我跟报社另外2名记者组成小组，奔赴松花江流域前线采访。那时的我们，仿佛有使不完的劲头，每天奔波于大堤和驻地之间，从齐齐哈尔到大庆，再到哈尔滨，始终追着洪峰的脚步战斗在新闻采访一线，还曾深入四面被洪水围困的大庆肇源监狱采访。那时候，公共交通几乎都被调往前线了，我们每天都是蹭往前线运送物资的小卡车往返奔波着。采写好的稿件，得用驻地的电话念给报社，照片更是只能邮寄回去。

2001年，黑龙江省委宣传部筹建新闻网站东北网，我主动报名。经过筛选，我有幸成为最早的18名建设者之一，每天跟一群同样怀着激情与梦想的年轻人一起拼搏着。还记得那年9月11日深夜，已经在家入睡的我被电话声惊醒。夜深人静，通过电话传来的网站总编辑的声音格外清晰："美国有两架飞机撞上世界贸易中心大楼了，我们需要马上报道……"刚从睡梦中醒来的我愣了一下，下意识地回答说："我马上到单位。"那次事件的报道，我首次尝试将视频转为GIF动图，展现出形象生动的效果。在这件全球重大事件的报道中，东北网不仅是省内媒体首发，就全国范围来讲，也是名列前茅。也是在这个事件之后，许多新闻网站开始建立了夜间值班制度，网络媒体的即时性、多媒体性、互动性等特点越发突出，也越来越被大众认可。

2004年，我接受了负责建设东北网纪念邓小平100周年诞辰大型专题的工作任务。在前期策划阶段，我们了解到邓小平曾多次到访黑龙江，于是将专题定名为《邓小平在黑龙江》。3个多月的时间里，我和同事们寻访到邓小平到访黑龙江时交流过的人，采写回忆文章，调阅大量档案资料，还原邓小平视察黑龙江企事业单位时的情景，甚至还收集到许多邓小平当时的题字、书法照片等。在最后制作时，专题的展现突破了以往的方式，不仅采用了音频、视频、图片等手法，还将《邓小平文选》等著作用电子杂志的形式推出。经过大家努力，该专题内容丰富，表现形式多样，收到了良好的传播效果。后期团中央对全国同类专题做统计时，东北网的《邓小平在黑龙江》位列地方新闻网站前五。

2008年，正逢改革开放30周年，我也做出了人生最重要的选择。在我将手中最后一个工作项目"世界大学生冬季运动会"官网建设移交出去后，在周围人的不解中，辞职投身于互联网创业，那年我儿子尚不足一岁。

我创业的第一个项目是公务员考录网站。那时我们制作了国内第一款可以智能检测知识点缺失的公务员考录学习工具——试题库，这款软件运用大数据给用户精准匹配对应的练习题，使学习更加有效率。当时移动互联网还处于萌芽阶段，黑龙江的创业环境尚有很多不完善之处，很少有投资者会关注这里，更别提是新兴的行业。2010年，因为缺少资金，这个很有前景的项目被迫关闭。3年后，北京一家公司以几乎完全一样的模式启动了类似的项目，仅天使轮就融资到1 000万人民币，后期更是融到数千万美元的资金，现在已经成为行业内的“独角兽”企业了。曾有一次，我跟北京的媒体记者聊到我们当年的项目时，她惋惜地说道:“当年你来北京就好了。”其实，我又何尝不知道一线城市有更多的机会！但我出生在黑龙江、成长在黑龙江，我还是想在家乡做自己喜欢的事业。

2012年，我选择再次创业。经过前期大量的调研，我选择了互联网教育行业。这次创业我吸取上次的教训，没有贸然走向全国市场，而是深耕本地，将网站取名“哈考网”，把往届家长的教育心得、助学资料收集整理并分享给更多家长，这就是我们的运营理念。经过几年的用心经营，“哈考网”用户数量激增。尤其是2014年自媒体行业迅猛增长，我们抓住机遇，迅速占位，很快就在本地具有了极高的传播力和影响力。2016年年底，随着黑龙江的营商环境越来越好，我们也搬入了腾讯在哈尔滨设立的孵化器，并参加了省里各个行业部门举办的创业辅导和培训。2018年年底，我荣幸地加入黑龙江省青年企业家协会，团省委为一批有激情、有干劲的青年企业家搭建起交流的平台。除了讨论企业管理、行业发展，大家还在交流中普遍反映，近年来省委、哈尔滨市委主要领导关注打造良好的营商环境，推出了一系列务实管用的措施，政府部门工作作风的转变，不仅给企业发展带来便利，也增强了企业发展的信心。

从纸媒到互联网媒体，再到自媒体，我所经历的只是改革开放过程中经济社会发展的一个侧面。行者方致远，奋斗路正长。步入新时代，我和所有创业者一样，将不断奔跑下去，期待下一个10年，20年……

Chapter 6

第六章

黑龙江自媒体人发展前景

一、黑龙江自媒体产业发展的内生动力

（一）行业化、本土化、地域化是黑龙江自媒体人最大的特点，也是黑龙江自媒体产业发展主要的内生动力

1．行业化

大多数受访者表示，他们最大数量的粉丝来自当地，依靠的是比较精准的定位来吸引受众，以及服务的专项性和独特性。受访者黑龙江自媒体人“哈考网”创始人客滨一语中的，他们做的就是教育市场专项，定位粉丝是哈尔滨的学生家长、教育机构、学校。“哈考网”从做公务员考试在线答题系统起步。随着新媒体技术的发展，他开始带领团队，利用微信公众号为幼儿园、中小学生家长提供业内资讯、反映家长诉求，逐渐打开了市场，引起哈尔滨教育行业的普遍关注。可以说，“哈考网”用独特的教育信息、考题试卷分析等搭建起学校、教育机构、家长、学生的多方平台（见图6–1、图6–2）。这种行业化的专业自媒体运作方式，赢得了数量相对稳定的粉丝。

图6–1　“哈考网”企业多方合作展示（“哈考网”创始人客滨提供）

图6-2　“哈考网”微信公众号平台

2. 本土化

黑龙江自媒体产业多数从事本土化定位服务。比如，在哈尔滨找美食，许多人会看“哈馆”（见图6-3）。大到经典东北名菜，小到巷子里只能摆两个小桌子的饺子馆、包子铺，“哈馆”都有人去扫店，用自身体验分享美食。“哈馆”创始人李龙在受访时说：“我尊重我的粉丝的意见，这是我的生命线，也是一个负责任平台的生存之道。”“哈馆”曾经推荐了一家做鱼翅的餐饮企业。稿件发出后，网友争议较大，李龙决定撤稿，并退回了企业的广告费用，上门说明情况得到了餐饮企业负责人的谅解，并从此两人结交为朋友。据“哈馆”提供的相关数据，他们几年来推荐了1500多家饭店，有32座、啫胜、大道火锅等饭店成为网红打卡地。

图6–3 “哈馆”平台美食与文化同行（“哈馆”创始人大龙提供）

3. 区域化

专注某一个地域、区域，把自媒体做得风生水起，也是黑龙江自媒体产业的一个特点。比如：“平房大小事”App平台，就是为哈尔滨平房区用户专门打造的生活服务平台。二手交易、招聘求职，还有发生在这个区域的新鲜事，都是这一自媒体发布的内容。虽然受众不多，但粉丝黏稠度高，拥有20万粉丝，其中“铁粉”8万。

（二）“内容为王”是黑龙江自媒体发展的另一个内生动力

黑龙江大多数自媒体创业者认为，创作生产能力，也就是“原创内容”是发展的核心竞争力。

黑龙江以原创内容著名的自媒体人冰城馨子的博文，已经成为来黑龙江旅游，特别是自驾游“驴友”最爱浏览的攻略之一。全国著名的旅游达人、黑龙江最具影响力名人、黑龙江自媒体第一人冰城馨子，本名叫赵天华。对旅游和摄影的热爱，让她成为旅游网站的专栏作家。推介大美黑龙江，用原创的图片和美文吸引他乡来客，冰城馨子先后拥有微信公众平台、新浪微博、今日头条、搜狐号、网易号、企鹅号、抖音等10余个自媒体平台，拥有固定粉丝近百万。

冰城馨子拍摄的老厨家餐馆（见图6–4、图6–5、图6–6），最具“老哈”气质——

图6-4　“老厨家”公司街私房小馆（冰城馨子提供）

图6-5　锅包肉小馆的休闲时光
（冰城馨子提供）

图6-6　哈尔滨美食网红主角“锅包肉”
（冰城馨子提供）

老厨家，哈尔滨范儿

冰城馨子

看过一个报道：记者在杭州大街上随机采访行人问及对哈尔滨的印象，一位女孩子说：“哈尔滨给我最深的记忆是那里的锅包肉太好吃了。”可见一个城市的美食对游人的影响。

如果说每个城市的餐饮都有一种味道的话，毫无疑问，酸甜香溢的“锅包肉”就是哈尔滨的味道；如果只有一个词能体现哈尔滨的城市品格，这个词就是“哈尔滨范儿”。开放、包容、时尚、洋气，是哈尔滨这座城市独有的气质。

“老厨家”，不仅引领哈尔滨的城市食尚，也成了哈尔滨旅游的美食打卡地。我的一位从珠海来的朋友来哈尔滨，就点名要去“老厨家”，在“锅包肉”的发明地品尝下它最正宗的味道，了解它与城市历史的渊源，感触颇深。

2014年春天，我第一次走进友谊路的“老厨家”，就被它的历史文化氛围吸引。仅仅六年多的时间，“老厨家”就在哈尔滨有了七个不同特色的餐厅。这个冬日，带着一份好奇，我从江南到江北游览参观了“老厨家”的五个餐厅，每一个店都让人惊喜，不仅有颜值，而且有内涵有故事。

在“老厨家”，惊喜地发现老道外中华巴洛克的桃形房檐、雪花窗格，北二道街的便门，中央大街的面包石，霁虹桥的灯柱、飞轮、老广告塔、老建筑门扇，原版哈尔滨各时期的老地图、老建筑图纸……展现的是地地道道的老哈风情。

在“老厨家”，可以看到家传饮食器物及哈尔滨饮食历史食物，道台府的分餐铜火锅、俄式老冰箱、“老厨家”家传菜谱，中国最早的西餐食谱、最早进入中国的现代化煤气炉灶、哈尔滨西餐业历史档案等，应有尽有。

在“老厨家”，品味中西兼容的哈尔滨味道，不仅有“老厨家”原创锅包肉，还有全国首创鲜酿老啤酒堂烹啤酒菜，自制的哈尔滨四大经典灌肠；在这里，还可以品尝到哈尔滨历史三大名饮“哈啤”“格瓦斯”“小米布扎”。

在品尝“老厨家”独具特色的“华洋大菜”的同时，你会有种穿越时空，仿佛置身于民国时期的哈尔滨道外、道里、秦家岗……那些随处可见的老哈尔滨的元素，一件件无声地讲述着哈尔滨的前世今生。

老厨家友谊路店： 哈尔滨首家博物馆式饮食文化体验餐厅

2014年，“老厨家”迁址友谊路。践行“让文化遗产活起来”，成功打造“哈尔滨首家博物馆式饮食文化体验餐厅”，装修古朴厚重，充满历史感。

在这里你可以发现老道外的中华巴洛克桃形房檐、北二道街的便门，中央大街的面包石等，店内的展品为家传餐饮器物及大量的有餐饮文化的收藏品。可以让人在老饭店里看历史，博物馆里品美食。

老厨家中央大街店： 最受游人欢迎的网红店

2015年，“老厨家”荣耀回归中央大街，进驻具有近百年历史的老电影院建筑巴拉斯美食城三楼，别开生面的设置了“华洋大菜馆”“道台府道台中厅”“官膳堂”“中东铁路老火车”四大主题餐区，装修洋气大气，再现当年哈尔滨“华洋杂处，中西合璧”的城市风貌。

老厨家融创茂店： 店中店“锅包肉小馆”

2017年，“老厨家”入住松北融创城，匠心打造“锅包肉小馆”这一文化餐厅力作，领衔“哈尔滨味道”。“别切克”装饰的老卡座、老哈站内的米黄色墙面、依照馆藏哈尔滨老建筑图纸复建的小楼立面，体现了“老厨家”对历史的体味和发扬。

在哈尔滨最长俄式拉桌品味哈尔滨“华洋大菜”、道台府“百年膳食”，不仅有“老厨家”原创锅包肉，更增添了水果锅包肉、锅包牛肉，感受舌尖上的锅包肉变迁。300平方米小馆让中外游客体验“处处皆是哈尔滨”的老哈情怀。

老厨家78号私房小馆： 开在老洋房里的餐厅

2017年年底，在著名历史建筑公司街78号原中东铁路办公馆广一隅，推出“老厨家78号私房小馆”，百年洋房、葡藤小院、玻璃花房……同时展示馆藏中东铁路主题藏品，成为活化老建筑的又一典范。

到开在老洋房里的老厨家私房小馆就餐，吃的不仅仅是哈尔滨本埠菜，更是一段老哈尔滨的故事。在有故事的老屋，享受有故事的美食，在这幽静的私房小馆，轻抚下哈尔滨的老时光，这份感觉很浪漫。

老厨家松雷锅包肉小馆：老哈情怀随处可见

第二家“老厨家”锅包肉小馆，位于南岗核心历史文化街区的松雷商厦。从入口处的新艺术运动造型门亭到有彩色玻璃帽檐的长吧台，从颐园街1号的阳光厅到百年老榆树绿荫下的俄式木制廊亭，从百年前的中东铁路花车到曾经遍布哈尔滨街市的广告塔，从展示哈尔滨历史与文化的“哈尔滨之窗”到梦幻飘雪的老洋房窗形冰档……遇见哈尔滨的老时光。

在老厨家，你可以惊喜地发现霁虹桥的灯柱、飞轮、老广告，哈尔滨的老栅栏，原版哈尔滨各时期的老地图、老建筑图纸……

各店陈列的展品为家传饮食器物及哈尔滨饮食历史食物，有道台府分餐铜火锅、俄式老冰箱、老厨家家传菜谱，中国最早的西餐食谱、最早进入中国的现代化煤气炉灶、哈尔滨西餐业历史档案、哈尔滨名店照片、菜单、老商号广告、票证……

在老厨家“哈尔滨范儿”餐厅，品味中西兼容的哈尔滨味道，不仅有老厨家原创锅包肉，更增添了水果锅包肉、锅包牛肉、锅包素，感受舌尖上的锅包肉变迁。

首家集结哈尔滨历史三大名饮，“哈啤”“格瓦斯”“小米布扎”；自制哈尔滨四大经典灌肠，中式的风干香肠、松仁小肚，欧式红肠、依大连斯……

走在“老厨家”的各个餐厅，你既会有穿越时光回到老哈尔滨的感觉，又有种推陈出新的时代感。在品尝老厨家哈埠菜的同时，在那些随处可见的老哈尔滨元素里，你会感受到哈尔滨前生今世紧密相联的脉搏。

被称作“东北文艺复兴一杰”的佳木斯老四，抖音粉丝突破了100万，他创作、表演、拍摄“家长里短”的短视频故事，都是通过对生活的暗中观察，把不同人的境遇进行艺术创作的。目前，他创造的人物已达四五十之多，还衍生了不同系列，形成短视频剧集。

黑龙江自媒体人张莹莹，网名张小盒，凭借短片《东北人没赢过一次网络暴力，也没输过一次民族大义》爆火。土生土长的东北女孩渴望用自己微薄的力量传递家乡正能量。2020年11月，张莹莹和团队用一个月的时间，顶着严寒，到哈尔滨、齐齐哈尔、漠河、黑河等地拍摄，真正体验了一把冻到“极致”是什么感受。张莹莹在微博上创建了“网友冰雪 我在黑龙江等你”的话题，当晚就有100余万的阅读量。她发布的第一期《嗨翻冰雪大世界》的视频短片，当天话题阅读量就超千万。

网友说：东北人，没赢过一次网络暴力，也没输过一次民族大义

一个盒子OBO　张莹莹

网友说：东北人，没赢过一次网络暴力，也没输过一次民族大义。这是我在一篇公众号文章的留言中看到的话，看到的时候，我哭了。就像一个从小到大，不管多努力都没被表扬过的孩子，有人只是轻轻地说一句，还不错，就哭了。

这句话，赢得了11096个赞。我不知道，在这些赞以外，还触动了多少人。

我是土生土长的东北人，坐标哈尔滨。今天的数据，黑龙江确诊425人，死亡11人。死亡率2.59%，仅次于湖北。在我的朋友圈里，我没有看到一句报怨，有的大部分消息都是关于武汉，还有，中国，加油！

事实上，被忽视、被不喜欢对东北人来说，是一种伴随成长的痛。穷、落后、土，在举国安乐的时刻，东北的形象在互联网上就像一个到处打秋风的穷亲戚，我们总是自嘲着说，算啦，算啦，谁让咱是共和国长子呢，总是要有担当的。

于是，每一次兄弟姐妹有需要的时候，这个被看不起的穷哥哥，就这么默默拿出仅有的一切。需要人，东三省支援的医护人员占全国五分之一。为此，整个东北停止了所有门诊，因为，大部分精英都驰援一线去了。

封城需要生活保障。大年初二，东北就送去了130吨大白菜。有人说，不就是几棵白菜，东北人可真夸张，还紧急。可他们不知道。白菜是东北人存来过冬吃的，过去穷，天又冷，东北不存菜是没有新鲜蔬菜吃的。

需要口罩，黑龙江果断从广东直接引进生产线。哈药集团还将部分药品生产的洁净厂房转产N95口罩。有人劝徐海瑛总经理说，拆掉原来的生产线，再恢复会有很大的损失。她说，国难当头，匹夫有责，何况我这么大一家企业。是啊，你们能

想像吗？哈尔滨有哈药集团这么大的一家医药企业，本地的医护人员没有N95，政府要发新闻跟百姓商量，能不能用5个医用口罩，跟大家换一个N95给医护人员。可是，大家手里的N95，早就通过各种渠道，寄往武汉了。

正如一位叫@谭吉坷德的网友所说：

这就是东北，这就是多年来被诟病的东北。

空难来袭时，他抖落身上的泥土，昂然显露的仍然是共和国长子的雄姿。

这块土地的血脉和基因使他在重大关头总是用牺牲和奉献赢得人们的尊重。

做这期节目，并不为了彰显功绩，也不为了博取同情，只希望看过节目的人，能在春暖花开的日子，偶尔想起东北。想起这个虽然穷，但却一直努力做个好儿子、好哥哥的东北。想起这些，愿大家能接受，每个地域都有穷富，都有善恶。东北不求尊重，但求平等；不求感恩，但求别寒了这片对同胞姐妹的爱护之心。

青山一道同云雨，明月何曾是两乡。祖国需要，我始终都在，可我不盼什么雄姿显现，我愿祖国，山河永固，人间皆安。图6-7、图6-8为张小盒工作室设计的温情海报。

图6-7　张小盒工作室设计的关外家书海报（张莹莹提供）

图6-8　张小盒工作室设计的疫情防控海报（张莹莹提供）

二、黑龙江自媒体产业发展的外部条件

（一）全媒体融合发展的大趋势，为黑龙江自媒体产业发展提供良好的外在条件

1. 政策方面

2020年9月，中共中央办公厅、国务院办公厅印发了《关于加快推进媒体深度融合发展的意见》，强化媒体与受众的连接，以开放平台吸引广大用户参与信息生产传播，生产群众更喜爱的内容，建构群众离不开的渠道。这无疑是对自媒体整体发展的有力推动。在黑龙江省，宣传网信管理部门也出台一些鼓励政策，比如，黑龙江省每年举办“龙江好网民”等评选活动，激励正能量的传播者，也促进了自媒体的良性发展。

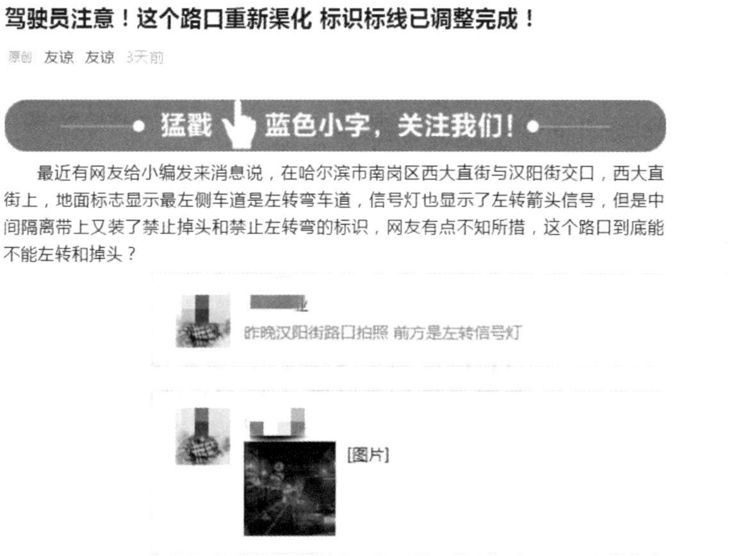

图6-9　友谅微信公众号获得10万+的原创内容（友谅提供）

2. 人才方面

地方媒体特别是市级媒体的衰落和新媒体的迅速发展给自媒体发展提供了新的机遇。以哈尔滨为例，受新媒体等因素的冲击，报社、电视台、电台效益大幅下滑，一批记者、主持人开始离岗创业，进入自媒体产业。如“金话筒”播音员哈尔

滨市交通广播的主持人潘蕾，告别了20多年的话筒，到自媒体创业，开启人生新的征程；主持人雨凡入驻喜马拉雅，从录小故事开始到录制小说，随着粉丝地不断增长经济收入也越来越可观，2020年正式办理离职手续，建立了自己的工作室，成了专业的自媒体人；交通台记者兼主持人友谅，工作之余开通了自己的公众号（见图6–9），10万车友粉丝让他在汽车圈颇有影响……这些传统媒体人，靠着良好的专业基础，为自媒体行业注入高层次专业人员。

（二）新媒体平台的飞速发展，为黑龙江自媒体产业发展提供了平台支持

1. 短视频时代的红利

调研显示，抖音、快手、微信公众平台、微博、头条号是黑龙江自媒体人主要的应用平台，短视频平台用户剧增。第47次《中国互联网络发展状况统计报告》提到，截至2020年12月，我国网络视频（含短视频）用户规模达9.27亿，占网民整体的93.7%。

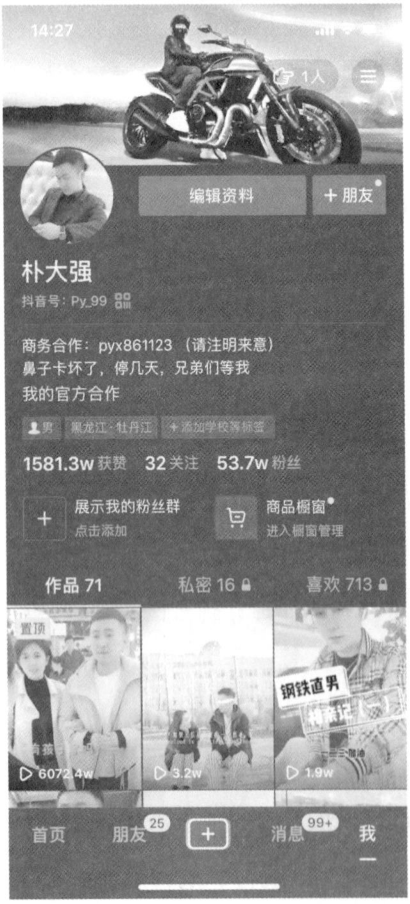

图6–10 朴大强的抖音作品（朴一星提供）

其中，短视频用户规模为8.73亿，占网民整体的88.3%。短视频的兴起带动广告、游戏、电商等多产业联动发展，这无疑是黑龙江自媒体人的福音。

朴一星，网名朴大强，从2018年拍出人生第一条短视频到2019年创办春合晟辉文化传媒公司，自己也没想到他的创业路会走得这么快。现在，他的公司由最初的6人发展到线下100余人，年收益200万余元，他们团队拍摄的短视频内容输出至全网各大平台，总播放量达数十亿次（见图6–10）。

受访者黑龙江自媒体人“金点子科技”邵雷，从事科技开发业务，目前他正在运用

自主研发的一项技术，在抖音进行推广运营，市场前景广阔（见图6-11）。

图6-11　邵雷自媒体起步的依兰网（邵雷提供）

黑龙江自媒体人孟凡华（业内人称“大花”），更是跟着信息技术的步伐，不断调整自己的产业发展。2015年，借助微信公众平台的热度，大花开发的公众号获取近千万粉丝，赚到了自媒体第一波红利。2017年微信自媒体第一浪潮宣告结束，他休息了一年。2018年3月重新创业，经历坎坷差点放弃。2019年，他在快手上分享自己的创业心得获得3万粉丝的关注。短视频平台的突起让他创业找到方向，他把步子慢下来，放平心态，要帮助更多人赚钱。先在公司内部进行合伙人选拔，再把自己的经验分享给合伙人，他的创业验证模式成功（见图6-12）。合伙人从原来的一个月几千块升级到了过万，公司也走上了正轨。“让更多的自媒体人受益，更有成就感。”基于此，大

图6-12　孟凡华的创客生涯被媒体报道（孟凡华提供）

花创立了灰姑娘众创空间有限公司，现在已经孵化内容付费创业者8名，新社交电商创业者300余名。

2. 有声读物蓬勃发展

近两年，听书成为阅读者选择的热门方式。以喜马拉雅FM、微信听书等为代表的声音世界，给黑龙江自媒体人也带来了新机遇。黑龙江自媒体人景智，业内称为有声读物大咖“贰飞”，是全国规模最大的专业有声读物实业制作机构的负责人。他是黑龙江牡丹江人。在受访中说，不管角色如何变化，他都离不开家乡的热土，他的梦想就是把牡丹江有声读物产业做大做强，争创“中国有声书之都”（见图6-13）。2020年，贰飞文传制作的有声读物在全网的点击量已超过50亿。

图6-13　景智致力于文化产业（景智提供）

3. 网红带货给自媒体带来商机

黑龙江大兴安岭的大成子（真名潘玉成）是靠短视频和直播起家。他的家乡中国北极漠河县的阿木尔镇，是地图上中国最北边陲，人迹罕至。他利用自媒体平台直播介绍当地的特产、风俗（见图6-14）。珍贵的桦树茸、不老草，原生态的山蘑菇、山木耳、蓝莓被众所周知，发往全国各地。大成子登上了湖南卫视《天天向上》的舞台，粉丝量逐步提升，最终达到了如今的百万级销售额。

图6-14　大成子抖音直播（网络截图）

三、黑龙江自媒体产业规模分析

根据中商产业研究院发布的《2020—2025年中国自媒体行业市场前景及投资机会研究报告》提供的数据，从自媒体产业布局来看，自媒体区域聚集明显，其中北京、上海、广州、深圳、杭州等经济发达地区自媒体产业占据了70%以上的份额。

从微信500强排名，以及各行业自媒体分类排名来看，东南部沿海发达地区占据了绝对的份额。而自媒体行业竞争与互联网业态一致，体现“赢家通吃”的头部效应和虹吸效应。黑龙江作为经济欠发达地区和人口流出地区，自媒体产业并不发达。

根据调研，目前黑龙江自媒体的主要收入构成是流量和广告。直播带货尽管已火遍全国，但在黑龙江仍是刚刚起步，就自媒体创业者来说，正处于探索发展中。也有自媒体从业者组建了公司进行新媒体产业运营、提供技术服务等，其发展也初具规模，产值上百万以上的企业也在不断增加。在对黑龙江自媒体人收入统计问卷中显示，年收入5万以下的占19%，5万～10万的占20%，无收入的占48%，20万占比2%。以此计算，黑龙江自媒体产业在8亿～10亿元，只占到了全国自媒体产业收入的1%左右，这和黑龙江的经济发展形势和自媒体发展现状相契合。

四、黑龙江自媒体产业发展趋势分析

我国新媒体构建“马太效应”明显[①]，头部主流媒体从内容资源到平台建设都有着得天独厚的优势，如《人民日报》、央视、新华社等主流媒体的新媒体平台完全覆盖了区域媒体市场，属第一级。阿里系、腾讯系、百度系、字节跳动、微博等新兴新媒体平台是第二级的非官方资本宣传平台，他们不仅全区域覆盖，而且是各区域专门有分支机构既抓地方政府宣传，又开拓地方市场。第三级是区域内的媒体宣传平台，也是“塌陷的腰部”平台，其话语权影响力越来越接近地平线，最需要解决的是吃饭问题。作为国家大力扶持正在崛起的第四级区县融媒体中心，既有着国家的政策资金支持，又有着对象集中的市场资源，竞争优势明显。第五级，区域自媒体平台，其内容以细分的行业基本全覆盖，不以新闻为主，只做相对专一的市场，分割市场人群及广告资源。

黑龙江的自媒体主要生存在第二级到第五级新媒体平台之间。在全国自媒体市场中，黑龙江自媒体产业从市场规模、影响力、从业人员、产业规模来对比，并不发达。这和黑龙江地域经济状况、人文环境，以及黑龙江整体传媒产业相对落后（在国内属于第三梯队）有直接关系。黑龙江无论是传统媒体还是新媒体平台都以本区域为主，其全国影响力甚小。尽管黑龙江官办的《新闻夜航》《新晚报》等公众号能进入微信全国500强，但其影响力只在本地，并没有成为跨区域的大号。黑

---

① 胡钰，王嘉婧.中国新媒体研究报告：2019年中国新媒体发展综述[C].《中国新媒体研究报告2019》，人民日报出版社.

龙江的自媒体创业平台和个人创业者更是以开发本地市场为主，服务区域经济人群，难以影响全省的平台和个人，更提不上全国排名。以《清博指数》和《新榜》在旅游、汽车、生活、金融、房产、创业、科技、美食、动漫、文化等自媒体热门行业来看，前20名黑龙江无一上榜。黑龙江更是缺少像湖北占豪、四川六神磊磊这样的在全国有着巨大影响力且年创收超千万的自媒体人。黑龙江自媒体行业只能位列全国三梯队偏后的位置。

黑龙江的自媒体发展趋势是在这样的媒体格局中努力求存，不断发展，在区域形成了一定的影响力和竞争力。随着新媒体平台的不断变革和未来5G技术的广泛应用，越来越多的新生网民加入自媒体创业大军，黑龙江的自媒体平台逐渐站稳媒体传播的新阵地，已经形成区域内的新的宣传力量，其影响力日渐增强。其中，在黑龙江市场已小有规模的自媒体，如：新分类、哈馆网、哈考网等一大批新媒体公司已拥有超百万粉丝，具备一定的社会影响力，目前运营良好。黑龙江自媒体年产值有望突破10亿元，正处于上升阶段。

Chapter 7

第七章

黑龙江自媒体产业发展对策

目前，我国自媒体产业有1000亿的市场份额，而黑龙江占比不到1%。差距较大的同时，也意味着黑龙江发展潜力较大，发展空间也更广泛。而自媒体市场的形成和壮大，势必带动区域产品的流动与消费，还能有效解决就业问题；同时伴随着自媒体人爆红，对地方形象旅游产业也起到积极的宣传作用。加强政府服务扶持力度，建立市场自媒体人才培育机制，调动政府、企业、高校、自媒体自身多方积极性，推进政产学研协同育人，培养实用人才，推进自媒体人提升核心竞争力，适应自媒体产业发展的需要，十分关键。

一、自媒体产业发展需要政府在监管的同时更加注重服务和扶持

1. 加强对自媒体行业的监管服务

自媒体发展迅速带动话语体系的变化，他们在产业经营的同时，也存在一定程度的过度宣传，甚至有个别违法违规现象发生。建议政府管理部门将自媒体作为重要传播力量进行监管，要做好政策宣讲，出现问题不能封号了之；要建立沟通联系机制，充分调动、吸收自媒体参与传播弘扬正能量的主题活动当中，增强自媒体人的政治意识、责任意识；同时，鼓励建立自媒体合作联盟等公益性社团，通过合作增加竞争力和市场开拓能力，立足本地区本行业向外地区、外省，乃至全国去争资源、争市场、争粉丝；为自媒体提供相应的服务，开展自媒体行业学习交流，增强自媒体人的归属感。

2. 加大对自媒体产业的扶持力度

建议黑龙江政府管理部门，把自媒体行业发展当作产业，释放其红利。从全国来看，有许多支持区域自媒体产业迅速发展的成功案例。宜璞第116期介绍，2017年11月29日，成都MCN产业园开业，它聚合了MCN机构自媒体人集中办公创作以及产业化运营的一种全新化的互联网的产业园的一种模式。在产业园第一期入住和签

约服务机构已经超过了50家，涉及的自媒体超过1000个。园区内自媒体矩阵整体的阅读量可达到10亿以上。

建议黑龙江省级、市级政府管理部门学习外省成功经验，加大政策扶持力度，搭建平台，通过园区、孵化基地等形式，为自媒体提供行业新媒体的报告、企业新媒体的监测、新媒体整合营销、企业的新媒体人才培训输送、新媒体业务托管等产业发展服务，同时，多在项目、资金、税收、政策等方面对自媒体产业予以扶持。

二、自媒体产业的发展需要加强人才队伍建设

随着黑龙江自媒体的兴起发展，人才需求每年递增，写作、运营、美编、市场推广、后台数据、小程序制作、网络维护等方面的人才需求旺盛。据统计，黑龙江新媒体人才每年需求都在万人以上。人才问题一直是制约黑龙江自媒体发展的瓶颈。人才少，没有专业人才，用人成本高，稳定性差，人才流失严重。在调研走访过程中，每一个自媒体创业者都在为缺人而烦恼。用他们的话说，他们每天都在招人的路上，边干边招，边招边走，这已经成为黑龙江自媒体运营者的常态。所以说，解决自媒体可持续发展，人才是关键。

（一）建立自媒体人才培育机制

解决自媒体人才问题，现阶段的关键是留住人。在调查中了解到，不少自媒体创业者有离开黑龙江的打算。一方面，他们为了寻找更好的经济发展环境，“孔雀东南飞”的现象在欠发达省份较为普遍；另一方面，由于黑龙江的自媒体发展没有得到有关部门的高度重视，再加上占有资源不够、内容创作不足、人力资源供给不上等多方原因，一批新媒体直播平台造就的“龙江老铁”已经选择了离开。曾风靡一时，大兴安岭的辛巴、哈尔滨的小伊伊迅速成为快手的头部主播并创造出巨大的商业价值。因此，黑龙江需要建立自媒体人才培育机制，给现有自媒体人提供稳定的环境和市场，让他们为龙江发挥作用的同时，得到应有的市场回报，同时努力为他们寻找新的市场资源。加强对自媒体人的鼓励激励。鼓励原创，激励网红、大咖

成长，建立自媒体产业人才库，对产值500万以上的自媒体人（工作室、企业）进行奖励，给予优先进入产业发展园等政策，让更多的自媒体人为大美龙江代言。同时，对那些刚刚大学毕业，想涉足新媒体自媒体的学生和创业者提供更多培训的机会，帮他们对接市场，多一些扶持政策，让他们安心在黑龙江工作、生活，安家立业。

（二）推动应用型大学新媒体专业建设实现人才可持续培养

1. 建立黑龙江省高等教育新媒体人才培养体系

解决自媒体人才问题长远的思路是形成新媒体应用型人才培养体系，可持续地培养输和送专业人才。就黑龙江新媒体人才领域而言，2021年，教育部正式批准了哈尔滨学院开办“网络新媒体专业”。此前只有黑龙江工程学院、佳木斯大学两所高校开办了针对新媒体人才培养的“网络新媒体专业”，每年的毕业生仅300多名，而其中进入自媒体行业的少之又少。在调研中了解到，黑龙江自媒体从业人员很少名牌大学学历，黑龙江省内一流大学的学生也不多见，创业主力是东方学院、华德学院等职业院校的毕业生。按照国家全媒体战略，培养应用型人才，本科毕业学历又符合用人单位的基本条件，培养的毕业生一定会有广阔的就业前景。推进高校新媒体专业建设的总体思路可概括为：“三适应，两强调，两坚持”。即：适应“媒体融合”发展、适应信息产业发展、适应文化传播发展；强调宽口径、厚基础，强调传播技能、创新能力；坚持服务地方、产教融合，注重学生能力与经验的提升，培养一专多能的全媒体人才；坚持开放式办学，把课堂开到社区，开到区县，开到企业，一线需要什么人才高校就培养什么样的人才，研究什么样的问题，最终让我们培养的学生能够一出校门即上岗，一上岗就能独当一面。

2. 明确新媒体专业办学定位，政产学研协同培育人才

在新媒体专业的建设过程中，高校需要明确新媒体专业办学定位，包含以下两个方面。一方面注重培养教育学生的政治意识。明确新媒体也是媒体，必须传播正能量，从教学中增加爱国主义精神教育，教育学生坚定马克思主义思想，树立社会主义核心价值观。注重提高学生的政治意识，先树人，再树才。另一方面推进政产

学研协同发展。针对政府部门、企业、市场的需要，策划专业课程设置，注重新媒体内容生产、策划和营销能力培养。特别是有针对性地培养具备较强文字功底、网络文案营销与推广、网络短视频平台剪辑与推广的专业性人才。学生毕业后可以胜任网络新媒体平台、新闻网站、地方党政机关或企事业单位宣传部门的网络信息采集、策划、撰写、编辑、建设与管理等岗位，并辐射到与新媒体相关行业的商业开发、活动创意、媒体策划、运营、直播等新媒体产业。

3. 推进新媒体专业的校企合作，培养应用型人才

随着国家对应用型大学的支持扶持力度的加强，建立应用型大学新媒体专业和自媒体的共建合作，高校把自媒体产业作为高校的实习实训基地，同时高校向产业输送具有应用技能的专业人才，分别解决学生就业和企业用人问题，实现双赢。以哈尔滨学院为例，创办新媒体专业之初，已经和16家企事业单位签订了实践教学基地合作协议书。2021年初，在政府部门的扶持下，字节跳动集团和哈尔滨新媒集团在松北新区创新城建立了新媒体培训基地，针对新媒体市场所需，以黑龙江高校学生为主要培训实习对象，实战化、专业化、对口进行实习培训，培养主播、网红、视频制作、新媒体编辑、市场推广等专业新媒体人才，同时字节跳动也开通全国各省区市的用人和培训平台，搭建起从人才培养到实习就业的人才运营体系。哈尔滨学院是第一个和新媒体培训基地签订共建合作协议，首批大四20多名学生已经在新媒体集团实习，表现良好。而就今年招生的第一批网络新媒体专业的学生，校企双方达成初步协议，从大一开始，新媒集团提早介入，根据岗位需求和学校老师一起开办新媒体实用课程，对应新岗位有指向的培养学生的新媒体专业技能，课堂不仅在学校和教室，还在新媒体流程的岗位上。同时，企业也结合学校专业老师的优势特长，为新媒集团员工提供相应的教学服务、技术指导和科研项目的开发等，双方优势互补，实现共赢。这种校企合作模式的成果，将为黑龙江新媒体行业人才培养起到示范作用。

4. 推进高校新媒体专业教师队伍建设

网络与新媒体专业的开办也要紧跟科技的进步和变革，在实践中总结经验，从应用到理论再到实践。网络新媒体是个开放新兴的学科，理论滞后于实践，教师队伍也需要在学习实践中成长。新专业新媒体人才培养需要采取请进来走出去的方式，与媒体共建、与企业共建、与县级融媒体中心共建，培养锻炼自己的教师队伍和新媒体方面的专业人才。

三、自媒体人需要实现自我提升

黑龙江自媒体人在呼吁政府的扶持，寻找宽松的发展环境和人才培养机制的同时，更需要发挥自身优势，提升媒体素养，激发内生动力。

1. 自媒体人需要强化政治意识，遵纪守法做正能量的传播者

自媒体不是自由体，是新生代的传播者，必须自觉践行社会主义核心价值观，不哗众取宠，不传播谣言，不搞“标题党”，用真情实感取得认同，用丰富多彩、快捷便利的传播手段赢得粉丝，实现传播和运营的效果。曾经创造无数个10万＋的公众号“咪蒙”，微信用户1400万，曾一度创造了微信公众号创收的奇迹。但是该自媒体为了博取眼球，传播虚假内容，杜撰“状元之死”，造成不良社会影响，最终退出市场。《人民日报》发表微评，提出自媒体不能搞成精神传销，就是警醒每一名自媒体人，需要守住底线，遵纪守法，讲道德，做负责任的正能量传播者。

2. 自媒体人需要始终坚持“内容为王”

黑龙江自媒体人做大做强这个产业，要有全国视野甚至是全球视野，要充分利用好新媒体平台跨地域跨区域的特点争取最大化的传播和最大化的吸引不同的人群。做好内容才是自媒体人生存和发展的关键，内容为王无论新老媒体永远是致胜的法宝。以李子柒为例，她凭借对中国传统民间技艺的挖掘展示，通过精细的设计制作拍摄，吸引了大量中外的粉丝。人们通过李子柒的视频了解了中国，了解了中国文化。她成了中国外宣的代表，并被代表国家的《人民日报》等央媒所肯定和推崇。做自媒体人要善于在内容上挖深做细，要在文化内涵上下功夫，精细化操作，在日常中寻找商机，真正了解内容的内涵；要善于用新技术丰富内容、展现内容，提高粉丝的关注度；要有冰城馨子、大成子、张小盒他们的坚韧不拔、精益求精精神，把独特的视角、崭新的内容分享他人，传播文化之美、地域之美，传递人文情怀。

3. 自媒体人需要善于抓住新媒体变革的机遇

黑龙江自媒体人要跟上新媒体时代变革的步伐，抓住利用好每一次新媒体变革，做勇敢的尝试者，充分享受新媒体技术革命的红利。信息技术瞬息万变，从网站、App、微信公众平台到今天的短视频平台，再到明天可能出现的新平台，每一次变革都有一个新的机遇期，谁先抓住机遇，谁就先占据先机，得到占领市场的更多机会。因此，自媒体人要善于学习，向先进省份学，向业内强者学，加强交流与合作，拓展视野、开阔思路，勇于做改革创新的实践者。

随着5G技术的广泛应用与普及，基于内容、流量和服务的新连接平台还会不断出现运营，自媒体人所面临的选择与应用会越来越多元，平台永远是开放的、发展的和不断变化创新的。只有跟上时代的步伐，做好自己的内容，有自己的核心竞争力，无论怎么变化，自媒体人都会找到适合自己的生存空间。期待在政府的扶持和校企合作的助推下，黑龙江自媒体人用好新技术，抓住新机遇，创造新内容，拓展新领域，传播正能量，带动产业，拉动就业，培育人才，在未来黑龙江乃至全国的融媒体发展、产业发展中作出积极贡献。

参 考 文 献

［1］罗斌. 网络自媒体研究［D］. 兰州：兰州大学，2009［2021-05-21］.

［2］田舒斌，申江樱. 自媒体的力量［M］. 北京：新华出版社，2014.

［3］中国互联网络信息中心. 第47次中国互联网络发展状况统计报告［R/OL］.（2021-02-03）［2021-05-21］. http://www.cnnic.net.cn/hlwfzyj/hlwxzbg/hlwtjbg/202102/P020210203334633480104.pdf.

［4］易撰自媒体. 浅析 | 自媒体的行业现状及未来发展趋势［J/OL］.（2020-03-18）［2021-05-21］. https://baijiahao.baidu.com/s?id=1661471485511060084&wfr=spider&for=pc.

［5］中国产业信息研究网. 中国自媒体行业迅速发展，资本化进程加速［Z/OL］.（2017-02-15）［2021-05-21］. http://www.china1baogao.com/news/20170215/3259625.html.

［6］赵刚. 自媒体&传统媒体是互补不是竞争［N］. 光明日报，2013-05-06（07）.

［7］李廷玉. “喜马拉雅”知识服务商业模式探析［D/OL］. 保定：河北大学，2019［2021-05-21］.

［8］黑龙江省通信管理局. 2019年黑龙江省互联网发展报告发布［R/OL］（2020-08-05）［2021-05-21］. http://hljca.miit.gov.cn/seach_show.php?cid=16&id=6652.

［9］中国政府网. 中共中央办公厅　国务院办公厅印发《关于加快推进媒体深度融合发展的意见》［N］_最新政策_中国政府网.

［10］中商产业研究院. 2020年我国网络视频用户规模达9.27亿　占网民整体93.7%

［R/OL］（2021−02−05）［2021−05−21］. https://www.askci.com/news/chanye/20210205/0906171352125.shtml .
［11］中商产业研究院. 2021年中国自媒体行业市场规模及发展趋势预测分析（图）［R/OL］（2020−12−29）［2021−05−21］. https://www.askci.com/news/chanye/20201229/1659161325686.shtml.
［12］胡钰，王嘉婧. 中国新媒体研究报告：2019年中国新媒体发展综述［C］//中国记协新媒体专业委员会. 中国新媒体研究报告2019. 北京：人民日报出版，2019.
［13］李宜璞. 宜璞第116期：自媒体产业园落户成都，看新媒体及内容创业生态［Z］（2018−01−05）［2021−05−21］. https://baijiahao.baidu.com/s?id=1588761141230931940&wfr=spider&for=pc.